Ludwigsburger Welt

der 50er und 60er Jahre

VOLKER GANTNER

LUDWIGSBURGER WELT
DER 50ER UND 60ER JAHRE

**Spurensuche – Kindheit und Jugend
in der schwäbischen Residenz**

Süffisant und kenntnisreich geschrieben, ein Buch zur Unterhaltung, zum Staunen und Schmunzeln. Das Erleben der Stadt in eigener Kindheit und Jugend wird zum Porträt von Stadt und Zeit. Die 50er und 60er Jahre werden in Wort und prägnanten Bildern wieder lebendig und für die Erinnerung von jedermann geborgen.

Herausgegeben von der Ludwigsburger Kreiszeitung.
Verlag Ungeheuer+Ulmer, Ludwigsburg.

Dr. Volker Gantner.
Ludwigsburger Welt der 50er und 60er Jahre.
Spurensuche – Kindheit und Jugend in der schwäbischen Residenz.

Herausgegeben von der
Ludwigsburger Kreiszeitung.

Satz, Druck und Verlag:
Ungeheuer+Ulmer KG GmbH+Co.
Verlag. Druckerei. Plakatinstitut. Ludwigsburg.

Umschlagfoto: Stadtarchiv Ludwigsburg.
Unterm Ludwigsburger Sonnendach: Anfänge der deutsch-französischen
Freundschaft. Dem Anlass angemessen ein Ministerpräsident, ein Kanzler,
ein Staatspräsident, ein Bundespräsident.
Von links: Ministerpräsident Kiesinger, Bundeskanzler Adenauer, Madame de Gaulle,
Frau Lübke, Staatspräsident de Gaulle, Bundespräsident Lübke.

Gedruckt auf Design-Offset-Papier.

Körnerstraße 14–18, 71634 Ludwigsburg.
Telefon (07141) 130-0.

ISBN 978-3-930872-749

INHALT

Den Frauen, die aus meinem Leben ein Leben gemacht haben:

Anna Gantner
Annette Gantner

»Es steht schlecht. Man muss sich beeilen, wenn man noch etwas sehen will. Alles verschwindet.«

Cézanne

ZUM GELEIT
Statt eigener Worte:

»Eine jede Stadt hat ihre Seele, und der wird ihr eigenes, fast lebendiges Wesen nicht verstehen, der nur gewissenhaft den Stilformen ihrer Gebäude nachgeht oder eifrig in vergilbten Chroniken und Akten ihrer Geschichte nachblättert. Auch beides vereinigt ist noch nicht die lebendige Stadt.
So will dieses Buch schlicht erzählen, von Stunden liebevollen Versenkens in das Wachsen, Werden und Stillestehen einer kleinen Residenz, von den Menschen, die vor Zeiten durch ihre Straßen gegangen sind, und vor allem von Gedanken und Gängen durch die eigentümliche Schönheit und den verträumten Zauber …«

Otto Linck
Vorwort zu »Alt-Ludwigsburg, ein Stadtbild …«

FASZINATION MARIENWAHL

ZAUBER DER UNTEREN STADT

Für die Kinder vom Holzmarkt waren wir Banditen. Sie nannten uns »Tälesbanditen«. Unser Makel war, dass wir in der Unteren Stadt, im Täle, wohnten. Es war offenkundig ein nicht endendes Vergnügen, uns, wenn wir über den Holzmarkt in die Stadt, in die Schule, zu Freunden, zu Verwandten, zum Einkaufen oder wohin auch immer gingen, durch unüberhörbaren, sehr genossenen Zuruf klarzumachen, was wir für welche waren. Es half uns nichts, dass da unten im Tal auch eine **Königstochter, eine Fürstin zu Wied,** wohnte, eine geborene Prinzessin von Württemberg, die Tochter des letzten Königs von Württemberg, und ein echter Prinz, ihr Sohn, der Prinz zu Wied. Es interessierte nicht, dass dort **Allerfeinstes das Licht der Welt erblickte, Ludwigsburger Porzellan** in der Marstallkaserne, **Orgeln für die Welt bei Orgelbau-Walcker** in der Unteren Kasernenstraße, dass dort **Traber auf Marienwahl** für die hochnoblen Rennbahnen im Land gezüchtet wurden. Es nutzte uns nichts, dass in der Marstallstraße einst der berühmte Schriftsteller David Friedrich Strauß geboren wurde und gewohnt hatte und die berüchtigte Mätresse des Stadtgründers Eberhard Ludwig, die Grävenitz, ein schönes, edles Barockpalais hatte. Es bedeutete nichts, dass der Erfinder des Streichholzes, Jakob Friedrich Kammerer, in der Heilbronner Straße gewohnt und dort seine Streichhölzer produziert hatte. Es war auch wertlos, dass sich überhaupt ein großer Teil der Ludwigsburger Geschichte in der Unteren Stadt abgespielt hatte, denn sie war doch in den Anfängen der Residenz ganz allein die Stadt gewesen.

Entscheidend für unsere Schmähredner war, dass wir von dort unten kamen, wo das stinkende **Gaswerk, die Gaskessel und die Lochkaserne** waren. Maßgebend war für sie auch, dass die Lochkaserne als Armenviertel und Viertel der einfachen Leute galt, dass manche unserer Altersgenossen arm und zwielichtig gleichsetzten, und uns all dies allzu gern ins Stammbuch schrieben. Wie verbreitet unser natürlich unverdient schlechter Ruf war, sollte ich später erfahren, als ich eine Frau aus einem ganz anderen Teil der Stadt heiratete. Ihr war als Kind noch eingeschärft worden, sie solle ja nicht ins Täle gehen. Wenigstens sie konnte ich davon überzeugen, dass es doch nicht so ganz schlimm sein konnte mit diesen Leuten aus dem Tal. Eines hätte uns eigentlich schon damals trösten und stolz machen können. Die garstigen Zurufe kamen immer aus sicherer Entfernung. Sie hatten also Mores vor uns.

Aber um ehrlich zu sein, weil das ja am längsten währen soll, wir waren auch nicht viel besser als unsere »Feinde vom Holzmarkt«. Das nahe Eglosheim nannten wir nicht sehr wohlwollend und abschätzig »Korea«. Natürlich wussten wir weder von Eglosheim noch von Korea etwas Genaues. Unsere feste Überzeugung beeinträchtigte das selbstverständlich nicht im Geringsten. Wir waren, einem auch heute verbreiteten Geisteszustand entsprechend, meinungsstark, aber ahnungslos. Wir wussten nur, dass am Ende dieser für uns Kinder bei Spaziergängen so elend langen Allee nach Eglosheim Korea begann und dass das was Schlimmes zu sein hatte. Und die, die dort wohnten, waren natürlich noch viel schlimmer als einer aus dem Täle je hätte sein können. Wir gingen dort nicht hin, hatten überall was zu suchen, nur dort nicht. Was gerade noch etwas gelten durfte, war das beliebte Café »Mohrenköpfle« und vielleicht noch die »Ludwigslust«, eine Wirtschaft am Durchlass der Bahn nach Eglosheim. Schließlich kehrte man dort nach einem Spaziergang durch die Allee gelegentlich ein.

So war unser Terrain klar abgesteckt. Für uns reichte die **Untere Stadt.** Sie war, Schmähungen hin oder her, für uns Kinder unvergleichlich interessant. Wir kannten das Quartier am besten, ihm gehörte unsere Phantasie und unser Unternehmungsgeist. Wie gut, dass die Erwachsenen etwas anderes zu tun hatten: sie mussten das Wirtschaftswunder schaffen. So hatten wir alle Freiheiten. Es gab keinerlei Spielplatz in der ganzen Unteren Stadt. Sie selbst war ein einziger Spielplatz. Langeweile gab es überhaupt nicht. Man schwärmte aus, konnte umherstromern, es war immer schnell etwas ausgedacht, was man unternehmen konnte, von was man träumen konnte oder was man spielen konnte. Man spielte die üblichen Kinderspiele, aber auch Reiter oder Soldat, auch mal König. Die Erwachsenen nannten es »herumschlampern«, »herumzigeunern« oder sprachen manchmal auch vom »dem Herrgott den Tag stehlen«, eine Äußerung, die vor allem fiel, wenn wir irgendwelche aus unserer Sicht unwichtigen Aufträge schlecht oder schon gar nicht erledigt hatten. Und das hätte eigentlich verständlich sein müssen, weil es in der Unteren Stadt doch Anderes und viel Wichtigeres und Interessanteres zu tun gab als etwa Einkaufen, Schuhe putzen, Aufräumen, zum Baden heimzukommen oder sonstigen unzumutbaren Anforderungen gerecht zu werden. Und was einen Tag stehlen bedeutete, wie man einen Tag überhaupt hätte stehlen können, darauf konnten wir uns ohnehin keinen Reim machen. So blieb dann selbstverständlich auch jedwedes schlechte Gewissen aus, das uns einsichtig hätte machen können. Wir blieben, wie wir halt so waren. Und das war gut so. Eine herrliche Kinderzeit war unser Lohn.

Wir bewegten uns in einer an Faszination und Zauber reichen Welt. So hätten wir es nicht formuliert, haben es aber so erlebt und empfunden. Die Untere Stadt, das Stadtviertel zwischen Heilbronner Straße, Stuttgarter Straße, die damals noch Vordere Schlossstraße hieß, Lindenstraße, Abelstraße und Marienstraße war für uns ein Land der Abenteuer. Aus der Unteren Stadt musste man nur über die Straße und man war in anderen Welten. Wir hatten nur wenige Schritte zum Schloss, dem großen Stadtschloss, zum großen Schlosshof, zum Schlossbrunnen, der Gelegenheit für ausführliche »Wasserspiele« bot. Im Nu waren wir in der großen Allee und in den Unteren Anlagen, waren schnell bei der Emichsburg. Nur wenige Meter trennten uns vom Favoritepark und dem Favoriteschloss. Man konnte im Park Hirsche füttern, hinter dem Schloss auf der Wiese Fußball spielen oder faul im Gras liegen. Nur eine Bretterwand war zu überklettern, was wenig Mühe machte, weil zwischen den waagrecht geführten Brettern, der den Favoritepark umgebenden Bretterwand, immer ein Zwischenraum war, der es zuließ, mit den Schuhspitzen Halt zum Übersteigen der Wand zu finden. Hatte man von allem genug, schaute man nach den Pferden der Marienwahl, konnte im Sommer immer noch in das »Luftbad Wiesenauer« an der Heilbronner Straße gehen oder näherte sich, um zu zeigen, dass man kein Hasenfuß war, mit Gruseln dem Haus des Sargschreiners an der Straße nach Hoheneck. Es konnte einfach nicht langweilig werden.

Die Untere Stadt und die Gegend um sie waren ein äußerst attraktives Feld zum Spielen und Staunen. Sie war für uns ein Märchenland, ein Land, in dem Kronprinz, Prinz, Fürstin, König keine Fremdwörter waren. Sogar ein Kaiser beschäftigte unsere Phantasie, schließlich war Napoleon, der Kaiser der Franzosen, hier zum Schloss gezogen. Und es war ja alles nicht nur in unserer Phantasie vorhanden, sondern die Wirklichkeit bot die Anschauung. Es gab ja wirklich ein riesiges Schloss, es gab ja wirklich noch eine Marienwahl mit Pferden, es gab ja wirklich noch eine Königstochter und einen Prinzen. In und rings um die Untere Stadt waren die Hinterlassenschaften der herzoglichen und königlichen Hoheiten noch in Hülle und Fülle vorhanden. Das Schönste und Beste hatte es sein sollen, man musste sich verewigen, wenn man etwas auf sich hielt und etwas gelten wollte. Nichts Geringeres als Versailles nahm man sich als Vorbild: eine echte Residenz musste es sein. So war eine einzigartige Szenerie entstanden, in der die Leidenschaften der hohen Herrschaften Gestalt angenommen hatten. Die Stadt und das Schloss, geboren aus »Fürstenlaune«, wie man so sagt, waren dem Anspruch der Herzöge und Könige, Macht zu demonstrieren, zu verdanken, der Lust am Planen und Bauen, dem Eifer, hochfahrenden Plänen, grenzenlosem Ehrgeiz und unwiderstehlichen Sehnsüchten zu folgen. Alles war ein Erbe der Genusssucht des Adels, seiner Begeisterung und seinem Vermögen, für das Schöne zu sorgen. Alles, was die Kassen und Schatullen hergaben, nicht selten auch mehr, war hier inszeniert worden, in immer wieder neuer und erweiterter Aufführung. Auf dieser Bühne waren wir unterwegs. Der Wille, eine Welt zu schaffen, die bezaubern und beeindrucken sollte, einen selbst, seinesgleichen und das Volk, für uns war das gelungen.

Eine einzigartige, prächtige Szenerie war einst im Laufe der Zeit entstanden: das mächtig aufragende Corps de Logis, der Fürstenbau, ein gewaltiger Schlosshof mit einem großartigen Schlossbrunnen, ein Bau, der sich mysteriös Riesenbau nannte, die Ahnengalerie, das Schlosstheater und die Schlosskirche, die Unteren und Oberen Anlagen, da und dort ein Schlösschen zum Pläsier, mal im Wald und mal am Wasser, ein Favorite und ein Monrepos, eine Burg gefällig für den Ritter Emich, Alleen zum Flanieren, vom Schloss zum Salon und vom Heilbronner Tor zum Stuttgarter Tor, von einem Ende der Stadt zum anderen Ende. In Württemberg gab und gibt es denn auch nichts Vergleichbares. Nirgendwo im schwäbischen Land sind eine Stadt und ein Schloss zu einem so großzügigen und beeindruckenden Gesamtkunstwerk komponiert worden, nirgendwo wurde eine Stadtanlage mit mehreren großen Stadtplätzen und einem grandiosen Marktplatz, mit Kirchen und Arkaden so völlig gegen jedwede schwäbische Art, Strenge und Sitte, mit dem Anspruch, Flair zu schaffen, gestaltet worden. Altehrwürdige, historisch gewachsene, bodenständige Fachwerkstädte und stolze und selbstbewusste, traditionsbeladene Reichsstädte von schwererem Geblüt, die nur im Frühling und Sommer einen Hauch von Leichtigkeit bekamen, beherrschten in der Regel das Bild des Landes. Einen so großen Wurf in der neuen Mode des Barock, eine Planung aus einem Guss für ein Schloss und eine Stadt gab es nur für die Ludwigsburger Residenz. Nur noch für Stuttgart hatte man, unter beengten Umständen, Großzügiges gewagt und sehr viel früher und weniger auftrumpfend für Freudenstadt.

DIE KÖNIGSTOCHTER UND
IHRE PFERDE: MARIENWAHL

Es hätte unsere »Feinde« am Holzmarkt sicher nicht beeindruckt, wenn wir ihnen gesagt hätten, dass wir – mein Freund und ich – **bei der Fürstin, der Tochter des Königs,** auf Marienwahl täglich ein und aus gingen. Sie hatten ihr Urteil »Tälesbanditen« unabänderlich über uns gesprochen. Der Spielkamerad wohnte im Torhaus der Marienwahl, auf dem Grundstück Marienwahl, in einem der beiden Kavaliershäuschen genannten Gebäude. Im anderen, direkt an der Heilbronner Straße, wohnte die Fürstin Pauline zu Wied. Ihr Sohn, der Prinz, den es für uns Kinder also nicht nur im Märchen gab, mit seiner Familie in der Villa Marienwahl dazwischen. Der Eingang zur Villa und zum Gestüt war noch auf der Seite der Marienstraße, an der Ecke zur Heilbronner Straße. Nur eine »Handbreit« entfernt von dem »Schlösschen« Marienwahl – einer Villa mit einem kleinen Park, einem Wäldchen, einem herrlich alten Baumbestand, Stallungen und Nebengebäuden und einer großen Pferdekoppel – spielten wir den lieben langen Tag in und um das Torhaus.

**Kavaliershäuschen: Wohnsitz der Königstochter
Fürstin Pauline zu Wied.**

**Die gute Wahl:
Marienwahl.
Gut für Kronprinz,
König und Fürstin
und ihre Pferde.**

Wir hatten als Kinder nahezu täglich das Vergnügen, dem »**Keenich
sei Tochder**« zu sehen. Des »**Königs Päule**«, wie sie in der Bevölkerung als junges Mädchen genannt worden war, war sie längst nicht
mehr. Sie war in diesen 50er Jahren schon eine ältere Dame, jen-
seits von 70 Jahren, von äußerst kräftiger, nachgerade männlicher
Statur. Schon für das junge Mädchen, damals noch wirklich des
»Königs Päule«, hatte der Bürgermeister der Stadt Herrenberg beim
Nachtrunk nach einer Jagd im Schönbuch dem König gegenüber
gutmeinend und wahrheitsgemäß, aber in arger Verkennung der
Etikette, gemeint feststellen zu müssen, dass die Tochter ein »stram-
mes Mensch« sei. Das war zwar so formuliert, wie man im gemeinen
Volk Respekt auszudrücken pflegte, aber für die königliche Herr-
schaft war solche Anerkennung natürlich ganz und gar ungewohnt.
Dennoch, auch in unseren Tagen, stimmte die Diagnose des Schultes
aus dem Gäu immer noch.

Nahezu jeden Tag sahen wir sie von ihrem Wohnhaus aus zu den Pferdeställen und den Koppeln gehen. Sie ging zu ihren Pferden, die ihr Ein und Alles waren, wie man so sagt, zu den Trabern auf den Weiden entlang der Heilbronner Straße. Offensichtlich war es für sie ein tägliches Bedürfnis, zu den Pferden zu gehen, ihrer Leidenschaft nachzugehen. Wenn sie in die Stadt wollte, was auch ab und zu vorkam, musste sie an unserem »Spielplatz« am Torhaus vorbei und durch das Tor. Wir standen dann mit offenen Mündern vor dem Haus und bekamen den Mund nicht mehr zu. Nicht weil sie die Tochter des Königs war, wir hatten uns an so etwas schon gewöhnt, denn es war uns, die wir noch nicht ganz der Märchenwelt für Kinder entwachsen waren, ja klar, wo ein Schloss war, musste ja auch ein König, eine Königin oder wenigstens ihre Tochter sein. Was uns aber sehr beeindruckte, war, dass sie selbst eine Pferdekutsche, besser ein «Kütschle«, einen Einspänner, ein dog-cart, fast ein Sulky, selbst die enge Torausfahrt hinauslenkte, Richtung Stadt oder zum Marktplatz zum Einkauf vorbeifuhr. Wie die Mutter glaubhaft versicherte, wurde sie dort auch ab und zu mit offenem Applaus begrüßt. Wer ein so tolles Pferd und eine solche Kutsche hatte und so »wilde Pferde«, wie wir unterstellten, sicher steuern konnte, musste schon etwas Besonderes sein.

Und sie war auch auf ganz andere Weise etwas Besonderes. Man sah es auch ohne Kutsche und Pferd. Es fehlte ihr zwar eine Krone – so stellten wir uns eigentlich eine Königstochter, eine Prinzessin vor –, da aber alle Welt bestätigte, dass sie tatsächlich die Tochter des Königs sei, nahmen wir sie als solche. Sie kam nun nicht nur nicht mit Krone und Purpur daher, was noch verblüffender war, sie war eigentlich nie edel angezogen, ja noch nicht einmal so angezogen wie eine Frau oder gar eine »Tochter aus hohem Hause«. Sie trug »Männerkleider«, hatte Hosen und einen Kittel an und trug einen runden »Jägerhut«. Was dem Ganzen dann doch die Krone aufsetzte, sie rauchte als Frau Zigarren, Zigaretten und Pfeife. Das gehörte sich damals, aus der Sicht der meisten Herren der Schöpfung, für eine Frau nicht.

Ein solches Verhalten war nahezu »revolutionär«. Von Emanzipation hatte damals noch niemand je etwas gehört.

Also man sah nicht die Spur von Noblesse in ihrem Äußeren. Sie verhielt sich auch nicht wie eine Hoheit, gab nicht die »große Dame«, nicht die »Grande Dame«. Dass sie so eigen war, nicht hochmütig war, bescheiden lebte, machte sie in der Bevölkerung sehr beliebt. Sie genoss eine Volkstümlichkeit, wie sie auch schon ihr Vater genossen hatte. Keine Prinzessin in der Landesgeschichte hat solche Aufmerksamkeit erfahren wie sie, über keine gibt es so viele Geschichten und Anekdoten. Man wusste auch von ihrem jahrzehntelangen sozialen Engagement als Fürstin zu Wied im Rheinischen und das schadete der Sympathie natürlich auch nicht.

Wir hätten uns ja verkriechen müssen, wenn sie vorbeifuhr, denn wir unternahmen manches, was ihr sicher nicht gefallen hätte, wenn sie nur davon gewusst hätte. Schlimm wäre für sie das für uns Aufregendste gewesen: unsere Ausflüge auf die Pferdekoppel. Unsere Schandtat: aus dem kleinen Wäldchen, das auf dem fürstlichen Grundstück zur Abelstraße hin lag, wagten wir uns auf die Pferdekoppel. Sie diente uns für unsere Mutproben. Wer sich am weitesten in die Koppel hineinwagte, war Sieger des Tages. Ein alle Tage wieder beliebter Vorgang. Mit einem Herzschlag bis hoch zum Hals gingen wir, soweit wir uns trauten, auf die Pferdeweide, meist nur einige wenige Meter. Wir achteten auch sehr darauf, dass die Pferde weit, sehr weit weg waren. Aber wer wusste schon wirklich, wie schnell die Pferde, immerhin Rennpferde, uns erreichen konnten. Was unseren Herzschlag manchmal noch um einiges mehr erhöhte, war der Stall- und Kutschmeister, der durch lautes Knallen mit seiner großen, langen Kutscherpeitsche unseren Wettbewerb störte und uns von der Koppel vertreiben wollte, was ihm natürlich auch jedes Mal gelang. Hinter einem Gitterzaun, durch dessen auseinandergebogene Stäbe wir hintereinander mit höchstmöglicher Geschwindigkeit durchkrochen, brachten wir uns in Sicherheit. Durch diese Stäbe wäre der »Peitschenknaller«, darin waren wir uns sicher, niemals durchgekommen. Nach solchen Abenteuern lagen wir dann eine ganze Weile ziemlich ruhig im Wäldchen entlang der Marienstraße, denn es dauerte immer ziemlich lange, bis unser Herzschlag wieder normal war, und wir wollten auch absolut sicher sein, dass »die Luft rein war«. Heute nennen sie das alles einen Kick. Und wie es mit einem solchen Kick so ist, wir konnten, Gefahr hin oder her, nie genug davon bekommen.

Erst viel später war, durch einen Artikel in der örtlichen Zeitung, zu erfahren, dass der Stallmeister, der aus Ostpreußen stammte und dort sein Handwerk gelernt hatte, ein Verwandter war. Gott sei Dank wusste er es auch nicht. Eine Meldung zu Hause wäre sicher gewesen und hätte mächtigen Ärger ausgelöst. Seine Tochter, die in unsere Verwandtschaft eingeheiratet hatte, eine Meta Gantner, hatte nach dem Bericht im örtlichen Blatt sogar auf der Marienwahl viele Jahre für die Fürstin als »Mädchen für alles« gearbeitet. Ihre Erzählungen über die Fürstin in der Zeitung festigten das Bild der Pauline zu Wied als einer gänzlich eigenwilligen Persönlichkeit. Nach dem Zeugnis des dienstbaren Geistes ist sie »ganz natürlich und gar nicht aufgetakelt« und »sehr ernst gewesen«. Sie habe »leidenschaftlich nur für ihre Pferde gelebt« und habe in einem »einfach und schlicht eingerichteten Haus gewohnt«, das »überhaupt nicht nobel eingerichtet war«. Die Fürstin habe, sicher ungewöhnlich genug, immer selbst gekocht. Strümpfe habe sie niemals getragen, sie sei »fast immer in großen Herrenschuhen barfuß gegangen«. Stricksocken, die diesem Zustand hätten abhelfen sollen, die sie oft von den Landfrauen erhalten habe, habe sie immer an das Rote Kreuz weiterverschenkt. Man wird vermuten dürfen, dass sie die »Dinger« nicht leiden konnte. Dass sie überhaupt Socken hatte, kann dennoch bestätigt werden. Wir sahen sie oft mit sehr auffälligen Ringelsöckchen in die Stadt fahren. Dorthin ging es dann offensichtlich wirklich nicht mehr nur mit Herrenpantoffeln und barfuß.

Die Eigenwilligkeit der hohen Dame zeigte sich aber nicht nur in der ihr eigenen Art, Kleidungsstücke zu tragen oder auch nicht, sondern auch in einer auch deutlich ausgeprägten Abneigung gegen die Etikette. Dass sie sie nicht selten, häufig nachgerade trotzig ignorierte, hat sie auch in ihren Erinnerungen »Vom Leben gelernt« öfters geschildert. Von der Zeit, in der sie mit dem Fürsten zu Wied jung verheiratet im kaiserlichen Berlin und in der kaiserlichen Potsdamer Hofgesellschaft lebte, hat sie berichtet, dass sie nie »ein so stumpfsinniges, enges und flaches Niveau im Verkehr erlebt« habe wie dort. »Dienstbotengespräche nach Tisch«, mokiert sie sich, seien nicht ihr Fall gewesen. »Später erst merkte ich, dass ich kein Mensch der Gesellschaft war, denn diese Art der Geselligkeit ließ nie ein tieferes Gespräch zu, es war ein Wechseln von Gesichtern, ein Begrüßen, ein Tauschen banaler Phrasen: Die Oberfläche strengt an – macht müde.«

Nichts war offensichtlich für sie in ihrem Alltagsleben undenkbar. Alles ging, wenn es nur ihrem Verständnis von Welt entsprach. Wie ihr Vater, der als Muster eines bürgerlichen Königs galt, der auch ohne jede Allüren war und der schon durch zwei vielfach als nicht standesgemäß eingestufte Liebesheiraten und durch seine Lebensführung gezeigt hatte, dass er auch anderes als Hofetikette und Staatsräson als wichtig ansah, schätzte auch sie einen bürgerlichen Lebensstil. Und dafür eignete sich Marienwahl ganz besonders. Was spielte es in Marienwahl, in Ludwigsburg, fern von allen gesellschaftlichen Gepflogenheiten, für sie auch für eine Rolle, dass der Schwager König von Albanien gewesen war, ihre Cousine die Königin Wilhelmina der Niederlande war, ihre Tante die Königin von Rumänien und die Schwester ihrer Mutter Königin Sophie von Schweden war, sie selbst Fürstin und Königstochter war, selbst von höchstem blauem Geblüt war, wenn sie sich trotzdem in Marienwahl, Etikette, Herkunft, Verwandtschaft und Noblesse hin oder her, Gepflogenheiten höherer Häuser hin oder her, wie jedermann zu Hause fühlen konnte und so sein konnte, wie sie wollte.

Pauline von Württemberg privat:
Wie's gefällt, so ist man Mensch mit dem Tier.

Dass sie die höfische Gesellschaft nicht sonderlich schätzte, was bei ihrer eigenwilligen Art und ihrem unangepassten Verhalten auch nicht sonderlich staunen lässt, ist verbürgt. Sicher ist genauso, dass sie einen **Narren an Pferden** gefressen hatte. Sie konnte sich auch in ihrer Begeisterung für Pferde auf Marienwahl zu Hause fühlen. Ihre lebenslange Leidenschaft, der Umgang mit Pferden, war dort auszuleben. Die Passion für Pferde und eine Zuneigung zur Marienwahl hat sie mit ihrem Vater geteilt. Auf Marienwahl hatte sie Reiten und Kutschfahren gelernt. Sie schreibt in ihren Erinnerungen: »Mit dem Wort Marienwahl verbinden sich für mich die glücklichsten Erinnerungen der Kindheit, welche auch zum Magneten des Alters wurden. Wenn ein Wagen bestellt wurde, trachtete ich danach, ihn vom Stall zur Haustür zu fahren. Auf dem Weg gab es ein Bergauf und Bergab, wo man bremsen musste, das war der Höhepunkt! Was ich um dieses Glückes willen für Strafen bekam, war unzählbar, ich ließ aber nicht davon ab.« »Es brauchte lange Zeit, bis ich meinen Vater von meiner Sicherheit im Fahren überzeugen konnte.« Pferde zu dirigieren machte schon dem Kind des Kronprinzen offensichtlich einen Heidenspaß. Und es war ja sicher immer wieder spannend, ob alles klappte, ob mit dem Aufmachen der Leinen, durch Zurufe, Schnalzlaute oder Klopfen auf die Anzen des Wagens und mit Peitschenknallen Pferd und Gefährt gut und sicher zum gewollten Ziel zu lenken waren. Ein Vergnügen, das sie früh erlebt und offenkundig mit Begeisterung gesucht hat. Überliefert sind Ausflüge schon in jüngsten Jahren mit dem »Geißenwägele« von der Marienwahl in die Stadt und Fahrten im Ponygespann zum Salonwald mit der von ihr Bonne genannten Erzieherin. Sie lernte das durchaus nicht ungefährliche Kutschenfahren schließlich so gut, dass sie nicht nur ihren Vater von ihrer Kunst überzeugen konnte, der ihr zu ihrer Hochzeit dann auch ein Pferdegespann, einen Viererzug, schenkte, sondern es auch lebenslang souverän ausüben konnte. In ihrem Einspänner fuhr sie gelegentlich noch im hohen Alter unter großer Begeisterung des Publikums beim Reit- und Fahrturnier ins Ludwigsburger Ludwig-Jahn-Stadion ein.

In ihren Erinnerungen ist zu lesen: »Diese wenigen **Jahre in Marienwahl,** zu Lebzeiten meiner Mutter, waren der Inbegriff von Harmonie und Sonnenschein.« »Sonntags stets ein Spaziergang mit meinen Eltern in der schönen Lindenallee nach Eglosheim mit dem Kinderwagen.« Sie erinnert sich, als Kind in Marienwahl ein kleines Gärtchen gehabt zu haben, es ist die Rede vom Radfahren in der Lindenallee, sie denkt zurück an gemeinsame Spaziergänge mit dem verwitweten Vater, es wird berichtet von Spaziergängen zum Monrepos, nach Hoheneck und Neckarweihingen. Ein anderer Spaziergang mit dem Vater führte in die Stadt via Untere Reithausstraße, die dann später deshalb auch »Kleines Königssträßle« genannt wurde. Nicht nur ihre Kinderzeit, sondern auch viele ihrer Jugendjahre verbrachte sie auf Marienwahl. Zunächst allein mit ihrem verwitweten Vater, dem schon designierten Kronprinzen, dann zusammen mit der Stiefmutter, der nachmaligen Königin Charlotte. In Ludwigsburg wurde sie auch in der damaligen Garnisonskirche, der heutigen katholischen Kirche, am Marktplatz konfirmiert. Die Zeit auf Marienwahl endete, als ihr Vater, sie war 14 Jahre alt, König von Württemberg wurde.

Prinz Wilhelm mit seiner ersten Gemahlin, Prinzessin Marie von Waldeck-Pyrmont.

Dass sie sich mit solchen **Kindheits- und Jugenderinnerungen** auf Marienwahl und in Ludwigsburg heimisch fühlen konnte und nach Jahrzehnten eines Lebens in Potsdam, Berlin und Neuwied, nach dem Tod ihres Ehemannes, des Fürsten zu Wied, 1945 als Witwe wieder in die angestammte Heimat zurückkam, wundert nicht. Es ging ihr offensichtlich nicht anders als vielen anderen, die es im Alter an den Ort von Kindheit und Jugend zurückzieht. Es war ein Zurück zu den Ursprüngen, zu den Wurzeln der eigenen Vergangenheit und auch ein Vorwärts in die Gegenwart und Zukunft mit der jungen Familie ihres Sohnes Dietrich Prinz zu Wied, die in der Villa auf Marienwahl in unmittelbarer Nachbarschaft wohnte. Zudem war es eine Chance, auf Marienwahl ihrer Passion der Pferdezucht zu leben. Natürlich war die Erinnerung an die Kinderzeit auf Marienwahl mit »Land- und Pferdeluft« für die Pferdebegeisterte viel interessanter und prägender als die Erinnerung an die im Winter im Kronprinzenpalais am Schlossplatz in Stuttgart verbrachten Tage. So hat sie sich für Ludwigsburg entschieden, eine klare Wahl für diese Stadt und ein Zeichen der Zuneigung für diese Stadt. Nichts war mehr so wichtig, zog sie mehr an als ein Refugium in Marienwahl. Die in Kindheit und Jugend erlebte Zeit, im Kronprinzenpalais und im Wilhelmspalais in Stuttgart, die Zeiten im Schloss Bebenhausen, im Schloss Friedrichshafen, einem häufigen königlichen Sommeraufenthalt, und die Zeiten in Neuwied waren Vergangenheit.

Aber nicht nur die Fürstin und wir Kinder waren von Marienwahl fasziniert. Die Begeisterung teilten auch alle Ludwigsburger. **Ein Spaziergang zu den Weiden** an der Eglosheimer Chaussee war in den 50er und 60er Jahren **ein beliebter Sonntagsspaziergang.** Man musste immer wieder einmal an der Hand der Eltern in der Eglosheimer Allee unter uralten hohen Linden spazieren gehen. Schon die Villa Marienwahl war immer einen neugierigen Blick wert. Wo war die Königstochter oder der Prinz? Die barocken Torpfeiler, das »Schlösschen« mit einem Wappen über dem Eingang, die hochrecht-

**Traberparadies
Marienwahl.**

eckigen, eleganten Fenster und Fensterläden, die zarte barocke Ge-
bäudefarbe machten Eindruck. Noch interessanter aber war, dass
man entlang den mehrfach abgeteilten Koppeln spazieren und aus
direktester Nähe die Pferde bestaunen konnte. Man sah zahlreiche
Traber, zeitweise waren bis zu 60 Pferde auf dem Gestüt, auf dem sich
einen Hang hinaufziehenden, leicht ansteigenden, ausgedehnten Gelände. Den Pferden in ihrer Bewegung und ihrem Verhalten allein,
miteinander oder untereinander zuzuschauen, war immer ein siche-
res Vergnügen. Wunderschöne schlanke und schnelle Pferde waren,
wenn sie ausdauernd und raumgreifend, allein oder miteinander
über die Weide »trabten«, so faszinierend, dass man als Kind fast das
Atmen vergaß, es war wirklich atemberaubend. Am allerschönsten,
und das steigerte noch das Erlebnis, war es, wenn für die Jährlinge
und Fohlen Ende April, Anfang Mai der Weidegang begann.

Marienwahl war aber nicht nur eine Idylle für die Pferdebegeisterten, es war natürlich vor allem ein Ort für das schwierige **Geschäft der Pferdezucht.** Sie musste wirtschaftlich sein, sie verlangte viel Züchterkönnen und auch Züchterglück. Von der anspruchsvollen Arbeit der Pferdezucht konnte sich der pferdebegeisterte Laie naturgemäß kein Bild machen. Die Fürstin hatte durch ihr Engagement, mit ihrem Können und ihren Kenntnissen zur Pferdezucht aus Marienwahl ein Kleinod gemacht. Niemand sonst hätte es gekonnt. Marienwahl war nicht nur das seinerzeit **größte Trabergestüt Süddeutschlands,** sondern auch einer der idyllischsten und am meisten bestaunten Orte in der Stadt. Marienwahl war ein Markenzeichen für die Stadt. Das Gestüt in einer Parklandschaft mit großen Stallungen unter hohen Bäumen, mit den vielen Pferden auf der Weide, war bei der Einfahrt zur Stadt in diesen Jahren immer ein Bild, das die Herzen höher schlagen ließ. Jahrzehnte nach dem Ende der Monarchie und dem Ende des Königreiches Württemberg hatte noch einmal und ein letztes Mal der Hochadel in der Stadt ein Zeichen gesetzt. Es war auch die letzte Zeit des über Generationen hinweg vorhandenen Züchterehrgeizes in den württembergischen Königsfamilien. Mit ihrem Bekenntnis in ihren Erinnerungen, »dass ein Tag ohne Pferde eben nur ein halber Tag oder ein verunglückter« sei, charakterisierte Pauline zu Wied sich und ihre Passion für die Pferde selbst am besten.

Schon 1915 wurde in Neuwied eine Traberzucht durch sie begründet. Nach dem Tod des Vaters erbte sie 1921 dessen privates Pferdegestüt und die Pferdezucht in Weil (Esslingen-Weil), damals eine Hochburg der Pferdezucht. Sie führte das Gestüt in Weil und Scharnhausen weiter und züchtete dort in den 20er Jahren bis 1932 Pferde. Sie spielte auch eine bedeutende Rolle in der **Pferdezucht des Landes.** 1930 importierte sie einen echten Araberhengst, Jasir, aus dem berühmten ägyptischen Gestüt Manial als Vererber nach Württemberg. Jasir und 16 weitere Araberpferde hat sie dann, mit der Verpflichtung, die Araberzucht fortzuführen, 1932 in der Weltwirtschaftskrise an das

Besitzerstolz: Fürstin zu Wied
mit Pferd und Stallmeister.

Haupt- und Landgestüt Marbach auf der Alb abgegeben. Die Araber ihrer Zucht gingen so nach Marbach, das englische Vollblut nach Marienwahl. So konnte die bedeutende Araberzucht für die Zukunft gerettet und ein entscheidendes Fundament für die bis heute existierende Araberzucht in Marbach geschaffen werden. Wenn wir heute noch in Marbach Araberpferde bestaunen können, hat dies seine Wurzeln in der seinerzeitigen Übertragung der Zucht auf das Land.

Bis zu der Abgabe der Araber an das Haupt- und Landgestüt war Pauline zu Wied schon eine sehr erfolgreiche Züchterin gewesen. Sie berichtet in ihren Memoiren mit Stolz vom Gewinn vieler Galopprennen und Preisgelder. Das Pferd »Romanze« sei Sieger beim Zukunftsrennen 1921 in Baden-Baden gewesen. »Hausfreund« habe

Kinderglück auf Marienwahl: Kronprinzessin Marie von Waldeck-Pyrmont, des »Königs Päule« und das Brüderchen Prinz Ulrich von Württemberg.

1922 das Derby und damit das Blaue Band gewonnen. Das Pferd »Bafur v. Fervor« aus dem Gestüt sei in Polen Vaterpferd für 4 Derby-Sieger geworden. Der Hengst »Fockenbach« habe in der Internationalen Meile im Hoppegarten triumphiert. »Oberwinter«, nach Aussage von Pauline zu Wied «der schnellste Hengst seiner Zeit«, sei Sieger bei zahlreichen Rennen gewesen. Er habe unter anderem den Austria-Preis in Wien, die Badener Meile, das Hammonia-Rennen, die Goldene Peitsche und das Fervor-Rennen gewonnen. Als Vererber starb der Hengst 1949 auf Marienwahl. Marienwahl hatte auch sonst viele bekannte Vererber. Die Mutter des in den 50er und 60er Jahren in Deutschland berühmtesten Springpferdes Halla, einem Olympiasiegerpferd und mit Hans-Günter Winkler Gewinnerin zahlloser bedeutender Pferdespringen, ist auch aus der Marienwahler Zucht hervorgegangen.

Die Leidenschaft für das Fahren kam auch immer wieder bei Pauline zu Wied zum Tragen. Schon ein ganzes Leben lang hatten es ihr nicht nur die Galopper, sondern auch die Traber angetan. Nach den ersten Jahren der Kindheit und Jugend in Ludwigsburg und Stuttgart hatte sie nach ihrer Vermählung und der Hochzeitsfeier im Stuttgarter Wilhelmspalais Jahrzehnte in Berlin, Potsdam und Neuwied gelebt. In Berlin fand ihre Obsession für Pferde ihre Richtung. Sie erzählt zu ihrer Berliner Zeit: »Bald fand ich in Berlin den Weg zur Trabrennbahn. Der Traber nahm mich bald gefangen, um mich nie wieder loszulassen, und so ist es geblieben mein ganzes langes Leben.« Ihr großer Stolz war es, dass bei den Trabern der selbst gezüchtete Hengst »Semper idem« 1930 das Derby und den Großen Preis der Republik gewann und das Trabergestüt Marienwahl 1951 mit »Junker« den Derbysieger von München stellte.

Marienwahl stand für die Bevölkerung in der Stadt und im Land aber nicht nur für Pferdezucht. Es hatte schon lange vor der Rückkehr von Pauline zu Wied in der **Geschichte der Familie des Hauses**

Württemberg und damit auch in der Geschichte des Landes eine bedeutende Rolle gespielt. Es war der Wohnsitz des Kronprinzen und ein Landhaus des Königs gewesen, immer wieder auch ein Sommeraufenthalt. In dieser Villa hatte seine junge Familie ihr erstes eigenes Heim gefunden. 10 ha wurden von ihm im Kappelrain, den Grundäckern und Lerchenwiesen erworben. Die baulichen und räumlichen Verhältnisse waren für eine Familie seiner Bedeutung, seines Standes bescheiden. Sie waren nicht unbedingt »königlich« und für manche böse Zunge auch ein Gegenstand des Spotts. Wichtiger als eine Zustimmung war Wilhelm offensichtlich, dass er für sich und seine Familie einen Ort für ein stilles, harmonisches Familienglück, fern vom Stuttgarter Protokoll, schaffen konnte und er den ihm in Ludwigsburg für eine Brigade übertragenen militärischen Aufgaben gut nachkommen konnte. Nach seiner Heirat mit Prinzessin Marie von Waldeck und Pyrmont 1877 und der Geburt der Tochter Pauline 1877 hatte er 1878 Marienwahl erworben und sie nach dem Namen seiner jungen Frau Marienwahl genannt. Beim Einzug 1878 in Marienwahl war Pauline 6 Monate alt. Stolz, so wird berichtet, habe die junge Mutter sie selbst über die Schwelle des Hauses getragen. Anscheinend war dies in Adelskreisen nicht die pure Selbstverständlichkeit. Eine jahrzehntelange, fast einhundert Jahre dauernde schicksalhafte Beziehung der Familie von Wilhelm II. zu diesem Stück Land begann. Erst nach dem Tod der Fürstin 1965 und deren Begräbnis auf der Pferdekoppel endete diese Familiengeschichte auf Marienwahl. Mit dem Auszug des Prinzen zu Wied 1968 verließ auch das letzte Mitglied dieser Linie des Hauses Württemberg Marienwahl.

Marienwahl sah viele der schönsten und traurigsten Stunden der Familie von Wilhelm II. Jeder im Lande hatte, wenn es um die Person des Königs ging, den **König mit seinen beiden Hunden Ali und Rubi als Spaziergänger unter Bürgern** vor Augen. Ein Bild, das so symbolisch für den Bürgerkönig Wilhelm war und so fest im Bewusstsein der Württemberger verankert war, dass es Jahrzehnte nach seinem Tod und dem Ende der Monarchie noch Anlass war, ihn und seine Hunde in einem Denkmal vor seinem einstigen Wohnsitz, dem Wilhelmspalais in Stuttgart, zu verewigen. In das Gedächtnis der Württemberger hatte sich auch anderes nachhaltig eingebrannt. Ein trauriges Ereignis, an dem ganz Württemberg großen Anteil nahm und das dem Kronprinzen viel Sympathie und Mitgefühl im Land brachte, war die Geschichte seiner **tragischen großen Liebe** zu Prinzessin Marie von Waldeck und Pyrmont. Auch er hatte, wie später seine Tochter, nicht allen monarchischen Gepflogenheiten und Traditionen Tribut gezollt. Statt eine Zarentochter zu heiraten, und damit die Verbindungen des Hauses Württemberg mit der russischen Zarenfamilie fortzusetzen – immerhin waren schon die Zarentöchter Olga und Katharina Königinnen in Württemberg gewesen –, hatte er in einer Liebesheirat die nicht aus hohem Adel stammende und damit als nicht standesgemäß geltende Marie von Waldeck und Pyrmont geheiratet.

Das junge Paar sollte nicht viel Glück haben. Dem ersten Glück mit der Geburt der Tochter Pauline 1877 folgte 1879 nach einem Unfall eine Fehlgeburt. Um so größer war die Begeisterung, als dem Ehepaar 1880 ein Sohn geschenkt wurde. Die schöne Zeit der jungen Familie war allerdings nicht von langer Dauer. Das Glück fand schnell ein brutales Ende, als der gerade erst geborene junge Prinz Ulrich 1880 schon im Alter von nur wenigen Monaten starb. Die junge Mutter, die in ihrem Schmerz den Grabstein ihres Kindes selbst entwarf, ahnte noch nicht, dass sie zwei Jahre später, 1882, nach der Totgeburt einer Tochter im gleichen Grab wie ihr Sohn auf dem Alten Friedhof in Ludwigsburg liegen sollte.

Nach dem Tode der Mutter lebte Pauline zu Wied mit ihrem Vater allein in Ludwigsburg. In ihren Erinnerungen schreibt sie: »Meine Mutter verlor ich, als ich dreieinhalb Jahre alt war; da meine Geschwister vorher starben, blieb ich mit meinem Vater allein. Wir

Die Verlobten:
Wilhelm von
Württemberg
und Charlotte
von Schaumburg-
Lippe, spätere
Königin Charlotte.

Triumphbogen am Schillerplatz Ludwigsburg.
Zelebrierte Monarchie.

Die Stadt empfängt König und Königin in spe:
Wilhelm und Charlotte auf dem Weg zu ihrem
Wohnsitz Marienwahl.

bewohnten die nach meiner Mutter benannte Villa Marienwahl. Im Winter wohnten wir in Stuttgart im Kronprinzenpalais in der Königsstraße. Für die kurze Zeit des Beisammenseins meiner Eltern war es ein Heim, da nur Glück und Frieden wohnte. Naturgemäß entwickelte sich nach dem Tode meiner Mutter zwischen meinem Vater und mir ein inniges Band, eine Art Schicksalsgemeinschaft. Ich sah nicht, dass mein Vater ein gebrochener Mann war, trotz der düsteren Wolke, die auf unserem Hause lag. Der Besuch des Friedhofs war ein gewohnter, auch mir lieber Gang. In seiner Verzweiflung klammerte sich mein Vater an mich, teils verwöhnte er mich, teils quälte er mich mit seiner Sorge und Ängstlichkeit.«

Erst 1886, im vierten Jahr nach der Tragödie, sah Marienwahl wieder bessere Tage, als Wilhelm, noch immer Thronfolger, auch mit seiner zweiten Frau, Prinzessin Charlotte von Schaumburg-Lippe, mit einem Fest- und Fackelzug durch einen Triumphbogen am Schillerplatz in die Stadt und in den Wohnsitz Marienwahl einzog. Charlotte, die Stiefmutter von Pauline, sollte 35 Jahre lang die Gemahlin von Wilhelm II. sein und fast 3 Jahrzehnte, nachdem Wilhelm 1891 König geworden war, Königin von Württemberg.

Marienwahl spielte so im Leben und auch beim Tod der Eltern von Pauline zu Wied und am Ende ihres eigenen Lebens eine wichtige Rolle. Viele Jahrzehnte nach dem Trauergottesdienst für die Mutter in Marienwahl wurde Marienwahl für die Familie wieder ein Ort der Trauer. 1921 begann nach der Überführung des Leichnams des ehemaligen Königs von Bebenhausen, seinem letzten Wohnsitz und Sterbeort, nach Marienwahl der Leichenzug für den König vor der Villa Marienwahl. Mit einem von sechs Rappen gezogenen Pferdegespann mit seinem Sarg führte sein »letzter Gang« zum Alten Friedhof über die Heilbronner Straße, die Schlossstraße und die Schorndorfer Straße. Unter größter Anteilnahme der Bevölkerung, Zehntausende standen entlang der Ludwigsburger Straßen, wurde der einstige König im Grab der ersten Ehefrau und seines Sohnes begraben. 25 Jahre später starb 1945 in Bebenhausen seine Witwe, Königin Charlotte, die in Bebenhausen, dem Wohnsitz des Ehepaares nach der Abdankung, gelebt hatte. Auch sie wurde an der Seite ihres Mannes auf dem Ludwigsburger Alten Friedhof beerdigt.

Pauline zu Wied selbst wollte mit Marienwahl auch noch für die Zeit nach ihrem Ableben identifiziert werden. Sogar nach ihrem Tod wollte sie sich nicht von diesem Stück Land verabschieden. Sie ließ sich auf der Pferdekoppel der Marienwahl beerdigen und zeigte dadurch auf sympathische Weise ihre Verbundenheit mit dem Familienwohnsitz und der Stadt. Keine Familiengruft, kein Familiengrab, weder in Ludwigsburg noch in Neuwied noch in Stuttgart, sollte der Ort für ihr Grab sein, sondern ihr erstes und das erste Zuhause ihrer Familie und ihr letztes Zuhause, das Gelände schönster Erinnerungen an Kindheit und Jugend und an ihre Leidenschaft für die Pferde im Alter. Nochmals zeigte sich ein eigenwilliger Kopf.

Marienwahl: Abschied vom beliebtesten König Württembergs.
6 Rappen auf dem Weg zum Alten Friedhof Ludwigsburg.

»Bürgerkönig« Wilhelm II.
mit Ali und Rubi
vor dem königlichen Wohnsitz
Wilhelmspalais in Stuttgart.

Familiengrab der Familie von Wilhelm II.
Grab des Königs, der Ehefrauen und der Kinder.

Auch nach dem Leben bei den Pferden.
Grabmal von Pauline zu Wied auf der
Pferdekoppel Marienwahl.

UNTERGANG EINES KLEINODES UND ABSCHIED EINER KÖNIGLICHEN FAMILIE

Das Leben der Familie des letzten württembergischen Monarchen auf Marienwahl, die Welt der Pferde des Gestütes Marienwahl und die Welt eines beeindruckenden Gesamtkunstwerkes einer königlichen Villa mit Pferdegestüt waren nach dem Tod von Pauline zu Wied endgültig nur noch Geschichte. Noch einmal war die königliche Familie, weit nach dem Ende des Königreiches Württemberg, zwei Jahrzehnte in der Person von Pauline zu Wied und in ihrer Pferdezucht in Ludwigsburg wahrnehmbar gewesen, hatte sie Geschichte und Geschichten hervorgebracht. Pferde auf den Koppeln von Marienwahl waren nun nur noch eine schöne Erinnerung. Niemand hatte nach dem Tod der Fürstin die Kenntnisse und die Erfahrung für eine Zucht von Trabern. Die bis in die 60er Jahre hinein sichtbare Präsenz des Hochadels in der Stadt war zu Ende. Niemand von der in Württemberg äußerst beliebten Königsfamilie von Wilhelm II. selbst lebte mehr in Ludwigsburg. Nur die Nachfahren blieben noch einige Jahre in der Stadt und auf Marienwahl.

Nirgendwo wurde dem Bedürfnis der Mitglieder der Familie von Wilhelm von Württemberg nach bürgerlichem Leben und einem Leben nahe den Pferden so gut entsprochen wie in ihrem selbstgewählten ersten und letzten Wohnsitz, schon gar nicht in den sich aus Staatsräson oder aus der Tradition des Landes sich ergebenden Domizilen. Sein erstes, sein privates Haus, so darf man annehmen, dürfte für Wilhelm II., wie bei allen Schwaben, eine Sache des Stolzes und der Genugtuung gewesen sein. Dass es etwas Besonderes für ihn und die Familie sein sollte, hatte sich auch darin gezeigt, dass die Mutter dem Stück Land ihren Namen gegeben hatte. Für den Vater war, nach den Aussagen seines Urenkels Ulrich Prinz zu Wied, »diese Idylle sein Lieblingsaufenthaltsort«. 14 Tage vor seinem Tode war er zum letzten Mal auf Marienwahl.

Ein Jahr, nachdem Pauline zu Wied mit 87 Jahren auf Marienwahl gestorben war, verließen 1966 auch die Pferde, 39 Traber, die Marienwahl nach Niederbayern. Über 100 Jahre nach dem Kauf des Grundstücks durch die Familie im Jahr 1878 war noch bis 1988 die Familie des Enkels Prinz Dietrich zu Wied auf Marienwahl ansässig.

Das alles bedeutete zugleich auch den Anfang **des Endes eines wertvollen Ensembles eines königlichen Landsitzes.** Es gelang nicht, dieses landesgeschichtlich so bedeutende Stück Land als eine Einheit von Villa, Stallungen, Park und Koppeln zu erhalten. Das Gelände wurde in einer nahezu abenteuerlichen Geschichte der Vermarktung und Sanierung so beschnitten, so ausgeräumt, nachgerade kastriert, und so seiner Charakteristik eines Ensembles beraubt. Nach der Planung und dem Bau eines Tagungshotels bis zum Rohbau – und nach dem Scheitern des Planes, dort ein Seniorenzentrum zu errichten – kam der Abriss des Rohbaus, »waren die Pavillons, das Weinberghaus, das Haus für die Bediensteten und andere kleinere Gebäude nicht mehr zu halten«. Die Koppeln wurden teilweise überbaut. Nach den Wirrungen und Irrungen, eine Nutzung zu finden, war nur noch der **Villa und den beiden Herrschaftshäusern ein gutes Schicksal beschieden.** Der Eigentümer der Villa, der Urenkel des Königs, Ulrich Prinz zu Wied, ließ die Gebäude sanieren und den kleinen Park um die Villa herrichten. Die Villa ist nun schöner denn je, schöner als sie in den 50er und 60er Jahren je war, herausgeputzt wie einst zu Königs Zeiten, nicht mit Palmen umstellt wie damals, aber sie glänzt nun wirklich wieder.

Noch etwas zählt zur verschwundenen Zeit dieser Jahre. Das Ende einer traditionsreichen Traberzucht und eines renommierten Pferdegestüts war auch der Anfang vom Ende einer mehrhundertjährigen, fast 3 Jahrhunderte andauernden Geschichte der **Stadt Ludwigsburg als einer Stadt der Pferde.** In der Vergangenheit hatte man in der Stadt Pferde jedweder Art und in großer Zahl gesehen: die Pferde der Kavallerie, der Ulanen, der Dragoner und der Husaren, die Zugpferde für die Artillerie, die Pferde für die Kutschen, die Pferde für die Jagden, die Pferde fürs Pläsier, für den Ausritt der Noblen und der Militärs in den Alleen und hinaus aus der Stadt, die Pferde für die Paraden, für die großen Manöver, die Arbeitspferde beim Bau von Schloss und Stadt, die das Holz, die Steine und jedwedes Baumaterial herbeizuschaffen hatten, die Pferde für die tagtägliche Versorgung von Mensch und Tier in der Garnison. In den 50er und 60er Jahren sah man in der Stadt noch alle Orte und Bauten der Zeit der Pferde, die Reiterkasernen am Karlsplatz und die Wilhelmskaserne, den Husarenstall, den Marstall, den Reithausplatz und die Reitplätze. Noch konnte man in ihren letzten Exemplaren die Berufe ahnen, die für Pferd und Reiter notwendig gewesen waren, die Schmiede, die Sattler, die Stiefelmacher und viele andere mehr. Was zunächst blieb, dann aber auch bald das allerletzte Glanzlicht der Welt der Pferde gewesen sein sollte, war noch einige wenige Jahre das für den Pferdesport so bedeutende Internationale Ludwigsburger Reit- und

Einst Ställe für Derby-Sieger und Pferde des Königs und ihr trauriges Ende.

Fahrturnier, ein für die Sportstadt Ludwigsburg weithin bekanntes Markenzeichen. Mit seinem Ende war Ludwigsburg als Stadt der Pferde für immer nur noch Vergangenheit. Es war nichts mehr oder wenig zu hören von Reithäusern, Reiterkasernen, Reitbahnen, von einem Kutschhaus, von Sattelkammern und einem Pferdelazarett, von Fourage, Leibstall und Leibjägern, von Ulanen, Dragonern und Husaren, von Grenadieren à cheval, von chevaulegers, der leichten Kavallerie und von schwerer Kavallerie, von Reiterregimentern und ihren Schwadronen und vielem anderem mehr.

Was bleibt **für die Erinnerung,** für das Kind und den Jugendlichen, der in dieser Zeit aufgewachsen ist, aus der so viel verschwunden ist, für die Ludwigsburger, für die, denen ihre Stadt nicht nur ein Ort des Wohnens ist, sondern auch ein Platz der Geschichte und für Erinnerungen? An Marienwahl vorbeizufahren und vorbeizugehen, schöne Pferde und Koppeln zu sehen, auch wenn sie nicht mehr da sind, nach dem Arbeitszimmer des Königs zu schauen, unten links im Erdgeschoss neben dem Eingang, sich das Attentat auf den Kronprinzen und seine Tochter an der Ecke zur Marienstraße vorzustellen, den Schuss auf die beiden Kirchgänger zu hören, sich vorzustellen, wie der Attentäter gestellt wird. Man kann dazu ahnen, wo mit der Familie des Königs alles auch viel früher und tragisch ein Ende hätte haben können. Man kann sich an Bilder von dem von sechs Rappen gezogenen Leichenzug des Königs erinnern, der in Marienwahl begonnen hatte. Man kann versuchen, das Grab der eigenwilligen Fürstin auf der einstigen Pferdekoppel zu entdecken und einen Kronprinzen mit Frau und Kind spazieren gehen sehen. Es bleibt auch, sich König und Königin im Sommeraufenthalt zu denken, und sich zu fragen, wo sie denn gesessen haben könnten, zu vermuten, wo denn die Palmen aufgestellt waren, die man auf alten Bildern sieht. Alles in allem, man kann sich immer noch in eine verschwundene, aber doch einst so reale und auch faszinierende Welt denken, Geschichte in sich erleben.

UNTERE STADT –
GESCHICHTE UND GESCHICHTEN

Die Untere Stadt war lange mit dem Marktplatz und seiner Umgebung allein die Stadt gewesen. Vieles, fast alle der Baulichkeiten aus ihrer bedeutenden Vergangenheit, war in den 50er und 60er Jahren noch zu sehen. Sie zeigte noch, nach wie vor als Ganzes in ihrer historischen Gestalt erhalten, welche Rolle sie in der Vergangenheit gespielt hatte. Wie viel von ihrer baulichen Substanz schnell verschwinden würde, wie viele ihrer alten Aufgaben nicht mehr notwendig waren, ahnte man ihn dieser Zeit noch nicht. Noch sprach niemand von Stadtsanierung. Noch waren die Bauten der alten Soldatenstadt zu sehen, noch stand der alte Marstall, noch existierte die allererste Ludwigsburger Kaserne, die Lochkaserne, noch fertigte Orgelbau Walcker Orgeln in der Unteren Kasernenstraße, noch gab es eine Leinenweberei, gab es eine Weinhandlung, Dampfbrennerei und Essigfabrikation namens Huss Söhne und eine Porzellanmanufaktur in und beim Marstall. Noch war die Allee in der Vorderen Schlossstraße nicht verstümmelt, waren die Wirtschaften, in denen sich einst die Soldaten vergnügt hatten, noch offen, gab es die alten Läden noch, die Bäcker, die Metzger, die Kolonialwarenläden. Noch sah man viele Handwerker, Schlosser, Schuhmacher und andere mehr. Selbst ein Schmied beschlug in der Unteren Reithausstraße weiterhin die Pferde. Die Fassaden der Häuser waren noch nicht nach der Art der Baumärkte »modernisiert«, waren noch nicht ihrer Fensterläden, ihrer Stuckverzierungen, ihrer fein gegliederten Fenster und ihrer alten Dachgaupen beraubt. Die Häuser hatten noch nicht ihr einst mit so viel Geschick gestaltetes Gesicht verloren, waren in ihren Ansichten noch nicht mit Gewalt reduziert und nüchtern gemacht, immer noch barock, noch nach dem Gesetz ihres Ursprungs verspielt, noch nicht nackt und kalt modernisiert. Das einstige Gespür für Proportionen, Formate und Volumina zeigte sich noch an den

Die schönsten Klänge für alle Welt: Orgeln aus der Orgelbaufabrik Walcker.

Gebäuden. Sie waren noch als Ganzes als in sich stimmige »Kompositionen« erkennbar, wie man sie heute oft nur noch an nicht sanierten Gebäuden sieht. Sie hatten noch ihre Qualitäten bewahrt, waren noch Ausdruck eines Willens zur Gestaltung, für Ästhetik und Maß.

Wir Kinder lebten in einer für uns »heilen Welt«. Nicht nur die Welt der Schlösser und der Herzöge und Könige, auch die Welt der Kasernen, der Manufakturen, der Betriebe, der Läden und Handwerker beschäftigte uns. Zu den frühesten Erinnerungen an die eigene Kindheit gehören die allerschönsten Töne, die in Ludwigsburg ertönten. Wir wohnten zuallererst gegenüber der mächtigen **Orgelbaufabrik Walcker,** einem der renommiertesten und weltweit bekanntesten Betriebe des Orgelbaus, direkt gegenüber der Probehalle, die sich nach außen mit hohen kirchenfensterähnlichen Fenstern zeigte. In dieser Halle wurden für uns gut hörbar die Orgelpfeifen auf ihre Qualitäten geprüft. So wurden uns zwar nicht die berühmten Flötentöne, aber die Pfeifentöne beigebracht. Immer wieder konnten wir hören, wie sie die Orgeln einstimmten, konnten wir die Generalproben für die Pfeifen hören, bevor die Orgeln in die Welt gingen. Und sie gingen weit, in alle Erdteile. Von St. Petersburg, von Kalkutta, New York, Moskau, Barcelona und Tokio war die Rede. Die Paulskirche in Frankfurt und der Stephansdom in Wien, das Ulmer Münster, die Stiftskirche in Stuttgart sahen Ludwigsburger Orgeln.

Eine Zeit lang war es sehr beeindruckend, die vielen hohen und tiefen Töne der Orgeln zu hören. Auf Dauer war es aber halt doch kein Konzert. Dass es auch die Arbeiter vom Orgelbau so sahen, hatte die Mutter als junges Mädchen öfters erlebt. Sie spielte eine andere Orgel, die »Ziehorgel«, und sie spielte ganze und ganz andere Stücke. Kirchenmusik gehörte nicht zu ihrem Repertoire, dafür gab es ja die Orgeln der Firma Walcker. Da sie auch oft bei offenem Fenster übte, ergab sich fast von selbst, dass sich die Arbeiter von dem jungen Mädchen in ihrer Mittagspause manchmal etwas »Schmissiges« bestellten, wenn sie von den feinen Tönen der Orgelpfeifen genug hatten. Der Wunsch nach etwas anderem als einer so »getragenen Musik« war auch völlig in Ordnung, denn es wurde ja allseits erwartet, dass auf einer Ziehorgel auch eine Polka, ein Walzer oder ein Ländler gespielt wird und keine geistliche Musik. Als Orgelspiel konnte man sich wiederum einen Ländler schlecht vorstellen. Geistliche Musik hätte ja auch zu einem Vesper der Arbeiter nicht so ganz gepasst. Den berühmten »Handkäs mit Musik« bringt ja zu Recht auch kein Mensch in Verbindung mit Orgelmusik.

Die **Lochkaserne,** die Kaserne im Tal oder im Loch, war, Spielplätze gab es damals nicht, mit ihrem großen Innenhof für uns der ideale Platz zum Fußballspielen und für Schlagballspiele. Die älteste Kaserne der Stadt, die Wurzel der Ludwigsburger Garnison, zu Zeiten auch die Bleibe der Gardesoldaten, war mit ihren hohen Gebäuden und ihren langen erdgeschossigen Gebäuden, einst Ställe für die Ka-

Talkaserne:
erste Kaserne der Garnison.

vallerie, noch existent. Auch der Galeotenbau, ein hochgeschossiges größeres Gebäude, stand noch an der Ecke von Vorderer Schlossstraße und Heilbronner Straße. In ihm waren einst die Soldaten eingesessen, die sich nicht ausreichend genug an die Regeln des Dienstes erinnern konnten. Schon die Herzöge und Könige hatten natürlich gewusst, dass man Soldaten haben muss, die diensteifrig und einsatzbereit sind. Sie wussten auch Bescheid darüber, dass man solche stramme Soldaten auch in größerer Zahl haben muss, wenn man in der Politik ernst genommen werden will. Man wurde dann auch ernst genommen, mehr als einem lieb war, so ernst genommen, dass sogar der große Kaiser Napoleon leibhaftig im Schloss erschienen ist und mit dem kurzen Satz »Wer nicht für mich ist, ist gegen mich« erkennen ließ, dass sich weiterer und größerer Redebedarf erübrige. Es blieb damit auch nichts, nicht wie heute so oft in der Politik, im Ungewissen. Über 15 000 Württemberger mussten einige Zeit später mit Napoleons Armee nach Russland ziehen. Sicher auch viele aus der Lochkaserne. Der dicke Friedrich wurde wegen seiner Kooperation zwar Württembergs erster König und seine Tochter Katharina durfte den Bruder von Napoleon, Jerome, heiraten, und wurde so auch Königin von Westfalen – Friedrich war damit sogar mit Napoleon verwandt und wurde im Kreise der Familie des Kaisers in Paris auch empfangen und auf einem Familienbild auch verewigt –, aber das dürfte wenig Trost für die Familien gewesen sein, deren Soldaten nicht mehr aus Russland ins Land zurückkamen. Nur noch 300 sollten es sein.

Das **Gaswerk mit seinen zwei großen Gaskesseln** befand sich in der Nähe der Talkaserne. Es stand am Platz der heutigen Feuerwache an der Heilbronner Straße. Gas war noch keine Sache von Ferngas, man musste sein Gas in der Stadt noch selbst erzeugen. Die »Gasanstalt« mit ihrem auch immer wieder aufdringlichen Geruch war schon deshalb interessant, weil wir dort gelegentlich im« Leiterwägele« minderwertigen, aber preiswerten Koks zum Heizen holen durften. Eierkohlen und Briketts konnte man sich in den frühen 50er Jahren meist gar nicht leisten. Spannend war für uns auch, dass man ab und zu Gasmarken kaufen musste, die man dann selbst in den Schlitz des häuslichen Gaszählers einwerfen durfte. Am interessantesten war beim Gaswerk aber ein Schrägaufzug, der das ganze Jahr ein Wägelchen, eine Lore, mit glühendem Koks aus der Gasgewinnung auf einer langen, schrägen Rampe nach oben zog. Die Lore wurde an der Spitze der Schräge gekippt und der glühendrote Koks abgeworfen. Ein faszinierendes Schauspiel, dem man immer wieder, vor allem wenn es gerade nichts Spannenderes gab, zusah.

Verschwunden: königlicher Marstall.
Marstall und Reithausplatz müssen dem Marstallcenter weichen.

Ging man den Bietigheimer Buckel hoch, war anderes zu erleben. Steil und mächtig, fast drohend, ragte, wenn man aus dem Tal kam, **der Marstall** auf, einst die Kaserne für die Pferde und die Ulanen. Noch ahnte man nicht im Entferntesten, dass dort eines Tages noch viel Hässlicheres und noch Mächtigeres entstehen sollte. In Ludwigsburg konnte man in der Unteren Stadt, wie auch sonst in der ganzen Stadt, die Spuren der Garnison nicht übersehen. Die Soldatenstadt war überall in den vom Militär einst genutzten Gebäuden noch er-

45

kennbar. Sie fielen in vielen Stadtbereichen allein schon durch ihre schiere Größe auf. Die Namen Lochkaserne, Marstallkaserne, Reithausplatz, Reithalle, Untere und Obere Kasernenstraße verrieten Soldatisches.

Das Militär war in den Zeiten zuvor ja nicht nur Kolorit in der Stadt gewesen, nicht nur Uniform und Parade, nicht nur die Welt stolzer Ulanen und Dragoner, nicht nur eine Welt voll Reiterherrlichkeit, eine Welt der Idylle von Pferd und Mensch. In den Kasernen und auf den Exerzierplätzen war Handfestes zu Hause. Dort wurde das Kriegshandwerk gelernt und geübt. Zu oft nahm dort das Schicksal, das Sterben von Mensch und Kreatur, seinen Anfang. Wir sahen diese Seiten der Geschichte der Stadt nicht. Wir suchten ganz anderes. Wir »schlamperten« in die **Marstallkaserne,** in der man in dieser Zeit das kostbare und berühmte **Ludwigsburger Porzellan** herstellte. Meißen, Nymphenburg und Ludwigsburg waren noch der Gleichklang für die Freunde des weißen Goldes. Uns interessierten allerdings kein Kaffeegeschirr, keine bunt bemalten Papageien und Prunkvasen und keine Porzellanpüppchen, wir suchten die Gipsformen der Porzellanherstellung. Sie lagen auf dem Hof der Marstallkaserne. Diese Formen warfen wir auf den Boden, »pfefferten sie auf den Boden«, wie wir sagten, bis sie zu Stücken zersprangen. Diese Kreiden waren damit bestens geeignet für das Aufmalen von Hüpfspielen auf den Gehwegen, Trottoir genannt, für das Aufmalen von Richtungspfeilen diverser Verfolgungsjagden sowie für das Bemalen ganzer Straßenzüge mit sonstigen Kunstwerken. Sicher gab es seinerzeit keine Stadt weit und breit, die mehr Spuren malender Kinder aufwies als Ludwigsburg. So begann das mit den Graffiti.

Da oben, unterhalb des Holzmarktes, war aber noch viel mehr geboten. Wir kletterten im Schmiedgässle an der Fassade eines Backsteingebäudes hoch, einem ehemaligen Stall, dem Ort des ehemaligen Leibstalls und kronprinzlichen Pferdestalls, um die dort hinter den

Fenstern aus Eisengittern sichtbaren **herzoglichen und königlichen Kutschen** zu bestaunen. Das auch immer wieder, um sicher sein zu können, dass sie noch da waren. In der dem Marstall gegenüberliegenden Weberei, im Gebäude der ehemaligen **Buntweberei Elsas & Söhne,** konnte man im Hof anderes Spielmaterial auftreiben, Papierhülsen, die dazu gedient hatten, Garn auf ihnen aufzuspulen. Diese Spulen wurden ineinandergesteckt für uns zum Schwert und dienten für ungefährliche, aber temperamentvoll ausgefochtene Ritterspiele. Der Geruch aus der damals in der Marstallstraße und im Postgässle noch vorhandenen Weinhandlung und Essigfabrikation Huss Söhne inspirierte uns auch manchmal dazu, »trunkene Ritter« zu spielen, was naturgemäß ganz erheblichen Spaß bereitete, weil man so richtig aus sich herausgehen konnte und »die Sau rauslassen konnte«.

Nicht nur die noch betriebenen »Manufakturen« erinnerten an die Wurzeln der Stadt. Noch etwas ganz anderes erinnerte in den 50er und 60er Jahren sichtbar an alte Zeiten, an die Stadt der Soldaten. **Die Untere Stadt war für die Ludwigsburger Garnison d a s Vergnügungsviertel** gewesen, die »Ecke« der guten Laune, das Viertel des großen Durstes. Gerstensaft und Wein waren hier **in zahlreichen Wirtschaften** in Strömen geflossen. Es dürfte kein Stadtviertel im ganzen Württemberger Land gegeben haben, in dem so viel gebechert, gezecht, gesungen, gelacht und natürlich auch gestritten und gehändelt wurde. In der großen Ludwigsburger Garnison, mit Ulm zusammen eine der größten im Land und eine der ganz großen im ganzen Reich – sie wurde deshalb nicht von ungefähr »Schwäbisches Potsdam« genannt –, brauchte es für die Soldaten auch »Auslauf«. Die Gaststättendichte war entsprechend unvergleichlich. Soldaten aus dem ganzen Reich mussten gegen ihr Heimweh oder auch ohne Heimweh ihren Durst stillen. Den Thüringern, den Rheinländern, den Westfalen und den Schwaben, das Bier schmeckte allen gleich gut. Für die »Schönheiten der Stadt« hatte das alles auch sein Gutes. Nirgendwo hatten die jungen Damen so viele Chancen, stramme junge Männer kennenzulernen. Manche Ludwigsburger Bürgertochter lernte bei dieser reichen Auswahl des »starken Geschlechts« ihren Ehemann kennen. Auch die Mutter und die Tante »profitierten« davon.

Die Gaststätten mussten allen etwas bieten, den Mannschaften und den Offizieren. Alle hatten ihre Stammkneipen, ihre »Reviere«. Ab und zu mussten diese auch durch Abgrenzungsschlachten gegen freche, übermütige Eindringlinge aus anderen Revieren handfest oder besser handgreiflich verteidigt werden. Es gab noch kein Ristorante, keine Tavernen, keine Bistros, keine Osteria, sondern einfach Wirtschaften, meistens Kneipen, nur selten auch mal eine Weinstube oder gar ein Weinhaus. Wie es in den Wirtschaften auch zugehen konnte, davon konnten wir uns auch noch in den 50er Jahren ein Bild machen. Die einzige noch existierende Soldatenbeiz, die der von uns »Amis« genannten amerikanischen Soldaten, damals das einzige Militär in der Stadt, das »Metropol«, gegenüber der Marstallkaserne, sah ab und zu amerikanische Militärpolizei, die MP, kräftige große Herren mit sehr langen und wahrscheinlich schmerzlich spürbaren Holzknüppeln. Fuhr die MP vor, suchten wir so schnell, wie wir nur konnten, das Weite, obgleich wir natürlich nichts angestellt hatten. Aber selbst wir wussten, jetzt war das, was Erwachsene »dicke Luft« nannten.

Und was gab es da im Tal nicht alles für Wirtschaften. Alle paar Meter war eine Kneipe zu sehen. Die üblichen Namen für Gaststätten reichten bei weitem nicht aus. Man musste erfinderisch einen Namen suchen. In der Unteren Stadt, am Holzmarkt, in der Bietigheimer Straße, am Reithausbuckel, in der Charlottenstraße, in der Vorderen Schlossstraße, wie die Schlossstraße damals noch hieß, und vielen anderen Straßen und Gassen gab es neben den obligatorischen Gaststättennamen, wie Schwanen, Löwen, Rößle und Adler, nicht nur einen Ochsen, es musste ein Roter Ochse sein, nicht nur einen Schlüssel, es musste ein Goldener Schlüssel sein. Es gab einen Pfauen am Pfauenbuckel, den Entenmann an der Vorderen Schlossstraße, das

**Allzeit feucht und fröhlich. Schöner geht's nicht. Oder?
Restauration »Zum Krokodil« in der Unteren Stadt.**

Einladungen zu
»Zapfhahnherrlichkeiten«.

Links: Zum Falken.
Unten: Goldener Schlüssel
und Waldhorn.

Weinhaus Seeger, den Kronprinzen, den Grünen Baum, den Wilden Mann, genannt Ofenröhrle, die Gaststätte Favoritenpark, genannt Lahmer Esel, das Waldhorn, die Eintracht, den Holländer, den Kurrle und viele andere mehr. Das alles klang und hatte Pfiff. Und die »Schildwirtsherrlichkeit« der Unteren Stadt war ja noch lang nicht alles. Der phantasievollen Gaststättennamen in der Stadt war kein Ende. In der Karlsstadt, der Seestraße, der Leonberger Straße und wo auch immer gab es dann für die Soldaten noch andere zahlreiche Zapfhähne mit illustren Namen. Die hießen dann Kanone, Karpfen, Kanne, Klingel, Stadt Ulm, Badgarten, Schiff, Mohren, Deutsches Haus, Kaiserhalle, Stuttgarter Tor, Stadt Cannstatt, Kurfürst, Prinz Karl, Graf Zeppelin und, und, und.

Die Welt des großen Durstes war die Untere Stadt nach dem Krieg nicht mehr. Aber für viele durstige Kehlen gab es noch Möglichkeiten. Fast alle Wirtschaften wurden zwar noch betrieben, aber die Auszehrung hatte mangels Soldaten schon begonnen. Später sollte dann meist das Fernsehen für die Kneipengemütlichkeit das endgültige Aus bedeuten. Man wollte nicht mehr dem Nachbarn in die Augen schauen, sondern in die Röhre. Aber trotz dieser nach und nach untergehenden Welt der Stammtische, man konnte dort, wo etwas von ihr übrig geblieben war, noch fürs Leben lernen. Wie schön es in einer Wirtschaft sein konnte, lernte man durch den Großvater. Da er ein umgänglicher und geselliger Zeitgenosse war, der immer wieder mal bei der »Herde«, sprich bei seinen Kumpeln sein musste, führten ihn seine Neigungen auch hin und wieder zum Umtrunk. Es gab halt immer noch gar zu viele nette »Wirtschäftle«. Die stadtgemäß barocke Lebenseinstellung des Großvaters hatte zur Folge, dass man so manche Wirtschaft kennenlernen konnte und dass sich bis heute ab und zu ein allerdings geringeres als beim Großvater ausgeprägtes Bedürfnis für ein gutes Bier nachhaltig meldet. Für den Opa sprachen mildernde Umstände. Zu seiner Ehrenrettung sei gesagt, damals vor dem Wirtschaftswunder gab es zu Hause so gut wie nirgendwo einen

Eisschrank, der für ein kühles Bier hätte sorgen können. Und die Kumpel waren halt nur im Grünen Baum, im Kronprinzen oder im Wilden Mann oder unter sonstigen Namen zu finden.

Als man samstags nicht mehr arbeitete, fand der Großvater auch an diesen Tagen noch Zeit für einen Frühschoppen. Sehr zum Leidwesen der bei diesem Thema strenger veranlagten Großmutter, der diese »Ausflüge«, diese Kumpanei, wie sie sagte, immer ein Dorn im Auge waren. Sie sah das Geld in anderem als einem Frühschoppen besser angelegt. Ich war jedenfalls regelmäßig ihr Emissär, der Beauftragte, der den Großvater, der dabei war, die vaterländische Sitte des Stammtisches zu retten, heimholen sollte zum traditionellen Samstagsessen, dem Gaisburger Marsch, sprich zu Kartoffelschnitz und Spatzen. Diese Aufgabe wurde zu einer Festanstellung. Ich weiß nun nicht, ob der Großvater dem Gaisburger Marsch nicht allzu viel abgewonnen hat, was mich wundern würde, weil die Großmutter sehr gut kochen konnte. Jedenfalls war meine Verhandlungskunst oder mein Botenglück miserabel. Der Großvater blieb bei seinem Bier hocken, bis e r gehen wollte. Ich war bei einem Glas Limonade, Sinalco, Bluna, Raspa und wie dieses süße Gesöff sonst noch hieß, »mitgefangen, mitgehangen«. Ab und zu, wenn es mit dem Bier et-was länger dauerte, weil es halt viel zu lachen gab, durfte ich auch eine der trockenen Huober-Brezeln essen. Sonst verbrachte ich mei-ne Zeit mit dem Bau ganzer Städte aus »Pyramiden« von Bierdeckeln. Zwar gab der Großvater immer wieder die Devise aus »Bua gang alloi hoim«, dem stand aber natürlich der ausdrückliche und nachdrück-lich eingeschärfte Befehl der Großmutter gegenüber »komm ja net alloi hoim«. Am Ende war die Strategie der Oma, wie ja so oft die List der Frauen siegreich ist, doch erfolgreich, weil wegen dem »Bua« der Großvater halt dann doch zum Gaisburger Marsch aufbrach. So dauerte mein Aufenthalt in den Wirtschäftle mit den schönen Na-men in der Regel so lange, wie ein gutes Bier eben braucht.

Nicht nur der Weingeist sorgte in der Unteren Stadt für Stimmung. Auch ganz anderer Geist war im Viertel lebendig gewesen. Davon wussten wir Kinder so gut wie nichts. Nur die große mächtige Gedenktafel am Geburtshaus von Strauß am Bietigheimer Buckel war unübersehbar. Der Bietigheimer Buckel, wie der Anstieg zum Holzmarkt genannt wurde, war, das war für uns wichtig, der Berg für das Seifenkisten-Rennen. Von uns aus hätte das Rennen, mit »Rennwagen« aus Kinderwagenrädern und Sperrholzaufbau, jeden Tag stattfinden können. Manchmal konnte man im Winter am Bu-ckel auch Schlitten fahren, wenn wir nicht, wie meistens, mit dem Schlitten über die Terrassen vor dem Fürstenbau des Schlosses »hi-nunterbretterten«, wie wir meinten. Die Idee von einem Blühenden Barock hatte noch keiner. Die ganzen Unteren Anlagen waren »frei-es Gelände«.

Später erfuhr man von den **Geistesgrößen des Viertels,** konnte sich ein Bild machen. Von David Friedrich Strauß, der, wie man heute sagen würde, einen Bestseller von 1200 Seiten, das »Leben Jesu«, geschrieben hatte und in der geistigen und vor allem geistlichen Welt in ganz Deutschland für Aufregung gesorgt hatte und mächtig viel Ärger ausgelöst hatte, weil er in Jesus nicht Gottes Sohn, sondern nur eine historische Gestalt sehen wollte. Selbst den großen Nietzsche hat er geärgert und ihn in seiner berühmten Schrift »Unzeitgemäße Betrachtungen« gleich im ersten Text zu einer umfangreichen Replik herausgefordert. Der Nietzsche sah die Sache noch viel strammer als der Strauß und durfte deshalb auch an Strauß wirklich keinen »guten Faden lassen«. Er wollte wohl selbst der größte »Antichrist« sein.

Und dann die Kunde von anderen »Kreativen«. Von Jakob Friedrich Kammerer war zu hören, dem Erfinder des Streichholzes, der in der Heilbronner Straße gegenüber dem Gaswerk, jetzt der Feuerwache, seinen Betrieb und sein Haus gehabt hatte. Wir hatten auch nichts gewusst von einer Kinderbuchschriftstellerin Tony Schuhmacher, die in der Marstallstraße geboren und in der Vorderen Schlossstraße gewohnt hatte, oder dass, nur etwas weiter oben in der Stadt, in einem Eck des Marktplatzes gleich zwei Berühmtheiten, der Dichter Kerner und der Schriftsteller und Ästhet Vischer, zur Welt gekommen waren und in der Kirchstraße auch noch der Dichter Mörike. Bei Mörike, Kerner, Vischer und Strauß, da ging es uns, wie in dem Versen von »Der Schiller und der Hegel, der Uhland und der Hauff...«, da »fiel uns gar nichts auf«. Erst als der Obelisk mit den vier Ludwigsburger Dichtern und Denkern auf dem Holzmarkt aufgestellt wurde, konnten wir weiterer Erkenntnis nicht mehr ausweichen. Erst dann erfuhren wir auch, dass die Verse zum Württemberger Lied, der schwäbischen »Nationalhymne«, »Preisend mit viel schönen Reden«, von diesem Kerner vom Obelisk stammen.

**Der Dichter von »Preisend mit viel schönen Reden . . . «,
der »Schwäbischen Nationalhymne«: Justinus Kerner.**

In der Stadt ging aber nicht nur der Geist der Großen um, auch unser Geist war lebhaft. In unserer Phantasie war einiges los. Wir beschäftigten uns mit der Ludwigsburger Welt auch viel mehr, lebten mehr in dieser Welt als die Erwachsenen, die weiter damit beschäftigt waren, das Wirtschaftswunder zu vollbringen. Ihre **Erzählungen zu Stadt und Schloss** beeindruckten uns allerdings, gutgläubig wie wir waren, mächtig. Und sie hatten ja manches tatsächlich selbst noch erlebt. Der Großvater hatte den Leichenzug für den König Wilhelm in der trauernden Stadt noch miterlebt und konnte ihn genau beschreiben. Er hatte die vielen Ulanen und Dragoner mit ihren Pferden in der Stadt noch bewundert und den König mit seinen Hunden noch in der Stadt spazieren gehen sehen. Er war noch vom König und der Königin, wie viele Ludwigsburger Kinder, zu Weihnachten im Schloss beschenkt worden. Und dies, obgleich er es wie andere Lausbuben aus dem Tal vielleicht gar nicht verdient hatte. Das Jahr über durften die Kinder im Tal nämlich gelegentlich mit den Prinzen spielen, die im Schloss noch Anfang des Jahrhunderts wohnten und dort auch erzogen wurden. Das verlief dem Hörensagen nach aber anscheinend nicht nur in nobler Gesinnung. Die Prinzen, Eugen und Albrecht, Großneffen des württembergischen Königspaares, Söhne der Prinzessin Olga von Schaumburg-Lippe, einer Tochter der württembergischen Herzogin Wera, sollten wohl nach einem hehren Erziehungsziel halt auch mal Spielkameraden aus dem realen Leben erleben und mit ihnen vor dem Schloss herumtollen. Das Niederträchtige dabei war, dass der Großvater nach Jahrzehnten noch tiefe Befriedigung darüber empfand, dass die Prinzen, die vornehmen jungen Herren oder angehenden vornehmen Herren, mit ihren feinen, blütenweißen »Matrosenanzügle« vom »Bleyle«, nach den vielleicht auch etwas robusten »proletarischen Spielen«, dann »auch wie die Sau ausgesehen hätten«. Die »Rotzbuben« aus dem Täle, so wurde gesagt, hätten es durch wildes Treiben auch darauf angelegt. Hoffentlich war es für die Prinzen am Ende doch eine gute Schule fürs Leben, in dem es ja bekanntlich auch nicht immer »wie unter Pfarrerstöchtern zugeht«.

Was man so hörte, war also manchmal auch erlebte Geschichte. Aber auch selbst nur Gehörtes, **Geschichten und Geschichtchen vom Hörensagen,** machten die Runde. Das, was man heute ein »kollektives Gedächtnis« nennt, wurde in der Stadt weitergegeben von Generation zu Generation, vor allem immer wieder für die Kinder der Stadt. Nicht nur die Gebäude in der Stadt, die Schlösser, Kasernen, Bürgerhäuser, Alleen und Plätze waren beeindruckend, sprachen von einer bedeutenden Vergangenheit, sondern auch die Welt der Erzählungen bot eine eigene anregende Szenerie. Wir Kinder waren ein dankbares Publikum. Vieles aus den Geschichten war für uns durchaus lebendig. Die Älteren wollten uns imponieren. Und es war ihnen ja auch so erzählt worden. Und manchmal war ja auch was dran an den Geschichten. Für uns war ohnehin alles ohne weiteres glaubwürdig. Wir sahen ja noch selbst eine Königstochter und einen echten Prinzen. Die Geschichten der einstigen Zeit, von den Herzögen und den Königen, waren für uns offenkundig auch keine Erfindung. Da standen ja die Schlösser, gleich mehrere, die Alleen konnte man auf und ab gehen, im Innenhof des Schlosses sah man ja den Brunnen mit dem Zeichen des Königs, man sah die Kasernen für die Soldaten des Königs, ja man sah sogar noch die Kutschen des Königs, wenn auch hinter Mauern. Was man hörte, sich einbildete, sich vorstellte, was wirklich gewesen war oder auch nicht, gab ein Sammelsurium zum Staunen. Der Herzog, der seiner Freundin – das war sie für uns, was eine Geliebte oder gar eine Mätresse war, wussten wir noch nicht –, die im Schloss Favorite gewohnt haben soll, jeden Tag mit dem Taschentuch, besser einem Facelettle, wie die gerne französische Wörter verwendenden Residenzstädter sagten, aus dem Schloss zugewinkt haben soll, war für uns Wirklichkeit, nachdem wir selbst überprüft hatten, von welchem Fenster aus da tatsächliche freie Sicht war. Wir sahen auch den Kaiser Napoleon durch das Täle zum Schloss reiten, wussten von dem geheimnisvoll großen Fass im Schlosskeller, dem größten in ganz Württemberg, gut für 300 württembergische Eimer Wein, das für die prachtvollsten Feste ausreichend war, wir sahen die fahrenden Kutschen in der Schlossallee, stellten uns den sagenhaften Ritter Emich, den sagenumwobenen Gründer des Hauses Württemberg, in der Emichsburg vor. Wir hörten vom bösen Herzog Carl Eugen, der den lieben Schubart auf dem Hohenasperg eingesperrt hatte, der für uns dann zum höchsten Berg Deutschlands wurde, weil man, um von ihm herunterzukommen, wie der Schubart über 10 Jahre gebraucht hätte. Wir sprachen davon, dass der Herzog Soldaten an die Holländer verkauft habe, um Geld für seine Vergnügen zu haben. Wir wussten, dass der Schiller in der Stuttgarter Straße gewohnt hatte und in der Oberen Marktstraße zur Schule gegangen war und dass der dicke König Friedrich einen ausgeschnittenen Nierentisch brauchte, um ausreichend Platz für seinen Bauch zu haben. Wir hörten die Geschichte von der Stute Helene, die sich für den dicken König Friedrich hingekniet haben soll, damit der bequem aufsitzen konnte, und hörten davon, dass die Helene für diese Artigkeit deshalb selbst als Pferd auch ein Denkmal bei Freudental bekam. Es wurde

Großes Fass für 300 Eimer Württemberger Wein.

von der Grävenitz, dem Mensch, der Landesverderberin, gesprochen, auch von einem Jud Süß, der bei den Finanzen nicht korrekt gewesen sein soll und der beim späteren Bahnhof in Stuttgart aufgehängt und zur Abschreckung in einem Käfig auf einer Stange »ausgestellt« worden war. Sehr fasziniert hat uns auch die Erzählung von der geraden, nach unserem Sprachgebrauch »bolzengeraden«, langen Allee von Ludwigsburg zum Schloss Solitude, auf der der Herzog im Sommer auf Salz mit dem Schlitten zur Solitude gefahren sein soll. Schließlich gefiel uns dann doch auch noch der Gedanke, mit dem eigentlich so bösen Herzog Carl Eugen verwandt zu sein, weil dem die Mädchen so gefallen haben sollen und der so viele Landeskinder gezeugt haben soll, dass fast jeder Württemberger mit ihm letztlich verwandt sei, wie sie sagten.

Und doch, aller Zauber hin oder her, das einstige Leben in **der Unteren Stadt war immer weniger geworden und wurde immer weniger. Vieles, das meiste war nur noch oder wurde rasch zu Geschichte.** Dort, wo die barocke Zeit, die Residenz und die Militärstadt ihre ersten Blüten getrieben hatten und erstes städtisches Leben entstanden war, dort, wo manches Jahrzehnt höfisches und bürgerliches Leben stattgefunden hatte, **verschwand in kürzester Zeit nicht nur viel von dem einstigen Leben, sondern es gingen auch viele der baulichen Zeugen verloren.** Das Viertel, einst mit in der Mitte des Geschehens der Stadt, kam an den Rand und schließlich ins Abseits. Eine Nähe zu einer Residenz hatte es schon sehr lange nicht mehr gegeben, keine noblen Bewohner im Palais Grävenitz, im Grafenbau und den noblen Bauten der Gründerjahrzehnte in der Marstallstraße und der Vorderen Schlossstraße. Nur Marienwahl erinnerte noch an andere Zeiten, an Adel und Residenz. Auch Reiter und Soldaten aus den Kasernen der Unteren Stadt gab es schon lange nicht mehr, die Chaisen fuhren schon sehr, sehr lange nicht mehr, die Herrenreiter und Spaziergänger in ihren Barockkleidern waren in den Alleen nicht mehr zu sehen, die Residenz war ferne Vergangenheit. Die erste Auszehrung, die Verlegung der Residenz nach Stuttgart, hatte die Stadt zur Häutung gezwungen. Nun wurden die 50er und 60er Jahre im Norden der Stadt wieder zu Jahren des Umbruchs und neuer Auszehrung. Nach dem zweiten großen Krieg zogen auch die Soldaten erstmals nicht mehr durch die Stadt. Die amerikanischen und später die deutschen Soldaten blieben weitgehend in ihren Kasernen, waren in der Stadt nicht mehr präsent oder sichtbar. Weiteres Leben schwand. Dort, wo es nicht mehr so viele Soldaten gab, brauchte es keine Kasernen und Kneipen mehr, dort, wo die Pferde endgültig ausgedient hatten, keine Ställe und keinen Marstall mehr, dort, wo die kleinen und mittleren Betriebe nicht mehr wirtschaftlich geführt werden konnten, brauchte es keine »Manufakturen« und Handwerksbetriebe mehr. Dort, wo der Verkehr zum Moloch wurde, opferte man Alleenbäume. Wenn anderswo andere, größere, attraktivere Möglichkeiten zum Einkauf entstanden, konnten die kleinen Läden nicht mehr mithalten, wenn anderswo großzügiger und angenehmer zu wohnen war, zog manch Angestammter weg. Nach dem Wegzug von Menschen und dem Verlust der alten Aufgaben entstanden Mängel an den Gebäuden. Kostbares, Prägendes, Einmaliges verschwand. Quellen des Stolzes und der Identität fielen sozusagen aus der Zeit. Vieles kam herunter oder war nur in kärglichen Resten noch vorhanden. Die Lochkaserne und die Marstallkaserne verschwanden, Orgelbau-Walcker sah in Ludwigsburg keine Zukunft, das Gaswerk wurde abgeräumt, Marienwahl war am Ende. Es entstanden große Bauflächen, die nicht immer zügig wiederbebaut wurden. Manches der Entwicklung war gewollt, manches notwendig, manches wurde erlitten. Vieles von dem Wandel geschah schleichend, manches zunehmend »im Galopp«. Die Entwicklung im Viertel wirkte, wie wenn man ihm seine Geschichte hätte austreiben wollen. In einem einst lebhaften Viertel wurde es still und stiller. Ein Zeitenwandel in allem. Vieles von dem, was dieses Viertel geprägt hatte, verschwand. Das Viertel blutete aus, verlor Bürger, fand andere, war nicht mehr dasselbe. Neues musste entstehen, entstand meist nur sehr langsam und es war nicht immer nur gut.

IMMER WIEDER SONNTAGS:

IDYLLEN MONREPOS UND FAVORITE

In den frühen 50er Jahren verfügten die wenigsten Ludwigsburger Familien über ein Auto. Es war üblich – soweit man überhaupt nach den noch üblichen sechstägigen Arbeitswochen noch aus dem Haus wollte und sich nicht damit begnügte, morgens im Radio das beliebte sonntägliche, den »Duft der weiten Welt« in die Wohnzimmer tragende Frühkonzert aus dem Friedrichshafener Hafen anzuhören und mittags den durch seine Mundartbeiträge lustigen Landfunk, der die schwäbische Identität kräftig stärkte, und dann nur seinen Nachmittagskaffee trank –, einen ausgedehnten Sonntagsspaziergang zum Monrepos zu machen, ein Vergnügen, das für jedermann möglich war. Man lebte, entspannte und vergnügte sich in dieser Zeit in seiner Stadt, Welt war noch bei einem selbst. Es war ein Glück, dass Ludwigsburg viel mehr zu bieten hatte als manche andere Stadt.

Sehr beliebt war der Weg zum Seeschloss **Monrepos** entlang der im Volksmund sogenannten »Bretterwand« auf der westlichen Seite des **Favoriteparks** und über die Seeschlossallee zum Monrepos. Auf der Höhe des Favoriteparks war noch weit und breit nichts von einer pädagogischen »Anstalt« zu sehen. Der enge Weg entlang der Wand war eingefasst von Gärten, Wiesen und eben der Bretterwand. Diese Wand war das Spannende. Noch heute hat man den Geruch der waagrechten, handbreiten, dunkelbraunen Bretter in der Nase, die mit Holzschutzmitteln kräftig bearbeitet waren. Als Kind musste man an dieser Bretterwand mindestens alle 30 Meter anhalten, durch die Schlitze schauen, um zu sehen, ob irgendwo Rehe oder Hirsche in dem lichten Weidewald grasten oder faul im Gras lagen. Es war eine Ausschau frei nach den Gedichtzeilen von Christian Morgenstern: »Es war einmal ein Lattenzaun, mit Zwischenraum, hindurchzuschaun«. Der regelmäßige Blick durch die Bretter war wichtig, weil man für den Rückweg durch den Favoritepark nach aller Erfahrung hoffen durfte, auch Rehe und Hirsche füttern zu können. Am Ende der Bretterwand kam der kleine, beschauliche Bahnhof Favoritepark.

Bretterwand neu,
immer noch einen Durchblick wert.

Man wünschte sich, dass die damals noch existierende Schranke der Bahn heruntergelassen ist. Denn man war selig, wenn ein Zug ange-dampft kam oder schon am Haltepunkt stand. Man konnte dann das Dampfzügle von oder nach Marbach inspizieren. Wenn es wieder anfuhr, war das wegen einer mächtigen Rauchfahne, die der Kamin der Lokomotive schwer schnaubend ausstieß und deren Farbe nach und nach von Schwarz in Weiß überging, ein Spektakel gerade so für Kinderherzen. Ab und zu bekam man auch etwas von dem Ruß der Lokomotive ab, jedenfalls immer etwas in die Nase.

Nach dem Bahnhöfle wurde es erst recht spannend. Es ging, und das war oft ein Hauptpunkt des Spaziergangs, einen kleinen Buckel hin-auf zum Sportplatz des Turnvereins der Unteren Stadt, wie man da-mals sagte, zum TUS, offiziell der TSV Ludwigsburg. Fußballspiele interessierten uns damals noch nicht so sehr. Entscheidend und wert-voll war, dass es jeden Sonntag Kasperletheater gab. Ein älterer Herr brachte uns offensichtlich zu seinem und unserem Vergnügen Seppl und Gretel, das Krokodil, den Räuberhauptmann, den Polizeiwachtmeister und selbstverständlich den Kasperle näher. Da der Kasperle am Ende die Situation immer programmgemäß rettete, war man zufrieden und konnte den Weg über die Seeschlossallee zum Monrepos erleichtert fortsetzen. Rennen, hüpfen, singen war, nachdem man beim Kasperletheater lang gebannt sitzen geblieben war, die automatische Folge. Und es ging ja bergab. Für den Rückweg dagegen war dann oft eine besondere Motivation nötig. Manchmal half nur das Versprechen, am Bahnhofsständle oder beim TSV ein Eis zu bekommen, die geistigen und körperlichen Kräfte wieder anzuspannen.

Durch die Torpfeiler in den Schloss- und Seebereich des Seeschlosses Monrepos zu gelangen, war sehr aufregend. Natürlich war der See schon alleine eine Attraktion. Man lief zuerst entlang der am Ufer stehenden schmiedeeisernen Gitter bis kurz vor die Anlegestelle der Ruderboote an der Treppe zum See, um die dort gehaltenen, sehr zahlreichen Karpfen zu beobachten, die durch eng gefasste Gitternetze im Wasser am Ausschwimmen in den See gehindert waren. Es war am See immer der erste Spaß zu sehen, wie die massigen Fische auftauchten und nach dem in den See geworfenen Futter schnappten. Gelegentlich – zur eigenen Schande ist es zu gestehen – hat man nach Lausbubenmanier, mangels Futter, auch mal Steinchen hinuntergeworfen, um zu sehen, ob Karpfen auch intelligent sind.

Die unabdingbare Fütterung der Karpfen war nur die Ouvertüre, der Auftakt für noch viel Interessanteres. Auf der großen Freitreppe zu stehen und den »Schiffsverkehr« auf dem See zu beobachten, war ein nicht zu überbietendes Vergnügen. Die Ruderboote starteten von der Treppe aus. Für viele brachte die Fahrt mit dem Ruderboot die erste Erfahrung mit den Tücken der »Seefahrt«. Für uns war »selbst Boot zu fahren« besonders aufregend, weil wir noch gar nicht schwimmen konnten. Interessant war, wie der Verleiher der Boote die Nummern der Boote mit Kreide auf eine große Tafel schrieb und die Zeit für die Rückkehr vermerkte. War die Zeit für die Bootsausfahrt abgelaufen, nahm er eine »Flüstertüte«, einen großen Metalltrichter, an den Mund und rief etwa über den See »Boot 11, bitte anlegen«, zweimal, damit der Bootsführer sich nochmals vergewissern konnte, dass er und sein Boot gemeint waren. Es war interessant zu schauen, wo das Boot war und ob es reagierte oder ob die Flüstertüte, die mit ihrem sehr dumpfen, tiefen Ton, bei meist gedehntem Rufen, einen herrlichen »Sound« gab, wie man heute sagen würde, dann nochmals energischer angelegt und mit deutlich mahnender, ungeduldig klingender »Melodie« zum Einsatz kommen musste.

Die große Flüstertüte annoncierte auch ein anderes Ereignis: die halbstündliche »Große Rundfahrt um die Insel«. Zwei sehr grobschlächtige Nachen, Kähne mit hochgezogenen Seiten, gestatteten es vielleicht 20 Personen in See zu stechen, ohne dass sie selbst rudern mussten. Das war etwas für die Bequemen, die nicht so Fähigen und die Ängstlichen. Zudem war es auch etwas preiswerter. Die Personen saßen links und rechts in langer Reihe mit Blick zum Gegenüber entlang der Bootswand. Der Respekt vor dem Ruderer und Steuermann, der dieses Ungetüm von Kahn auf Kurs brachte, war groß. Die westliche Insel, die man nicht betreten konnte und die immer einen etwas geheimnisvollen Eindruck hinterließ, wurde umfahren, um dann an der östlichen Insel, auf der eine von Hohenheim hierher versetzte Kapelle steht, einen kurzen Halt einzulegen. Man konnte, und das war sehr reizvoll, zum ersten Mal in seinem Leben eine Insel betreten, durchstreifen und umrunden, was bei ihrer geringen Größe kein großes Kunststück war. Kurze Zeit nur blieb man auf der Insel, weil das große Familienboot wartete. Sehr aufregend war der Blick in das unter der Kapelle vorhandene »Verließ«. Recht erinnert, war in der Mitte der Höhle ein Tisch mit gekreuzten Schwertern und Totenkopf. Vielleicht ist diese Vorstellung allerdings auch nur noch der Rest frühkindlicher Einbildungskraft.

Man konnte ewig zusehen, wie wackelig die Ein- und Ausstiegsmanöver waren, bis die Damen und Herren, der Hund, die Kinder, Oma und Opa sicher an oder von Bord waren. War dann das Stehen, Zuschauen und Fahren vorbei, war es Zeit, den obligatorischen Rundgang um den See zu machen, wieder verbunden mit Studien über die Fahrkünste oder deren Gegenteil. Die Szenerie auf dem See bot quietschfidele Fahrgemeinschaften auf den Booten, stolze Ruderkünstler, die sich an den Riemen wie weltmeererfahrene Matrosen »gebärdeten«, bot Lachen, Jauchzen, Kichern, schwäbischen Übermut, also Lustigkeit in Grenzen, dosiert, aber immerhin, mehr oder minder vorhanden, zum Schaukeln gebrachte, wackelnde Boote, zufällige Zusammenstöße, bewusste kreierte Zusammenstöße, vorzugsweise mit den Booten hübscher junger Mädchen, und deren schrilles Gekreische. Regelrecht »dubbelige« und schusselige Bootsführer waren die interessantesten, nicht nur weil sie einem das Gefühl und die Gewissheit gaben, dass man es ja besser konnte, sondern weil es spannend war, ob und wann sie denn nun mit einem anderen Boot kollidierten und wie die Reaktion des meist dann erbosten Bootsführers des anderen Bootes war. Die »Helden der Seefahrt« waren so nicht auf Zack, aber sehr auf Zickzack, dass sie oft nicht mal das große Familienboot sahen. So lernten wir auch, was man mit Maulwurfsaugen meinte.

Auch der Rückweg vom See war spannend. Nachdem man für den Favoritepark eine Einlasskarte zu 10 Pfennig gekauft hatte, ging der Weg via Jägerhaus, dem Forsthaus, auf dem gelegentlich seinerzeit sogar ein Storch auf dem Dach sein großes Nest hatte, und am Schlösschen Favorite vorbei wieder nach Hause. Fast immer gab es die Gelegenheit, Hirsche zu füttern. Die Hirsche fraßen, wenn man Glück hatte, aus der Hand. Für Kinder war es natürlich äußerst aufregend, vor dem großen Hirsch und der riesigen Geweihschaufel zu stehen und dem Hirsch die Hand mit etwas gesammeltem oder mitgebrachtem Essbaren hinzustrecken. Mit ausgeprägtem Herzklopfen, stand man zunächst als kleiner Pimpf in der Nähe des großen Hirsches und versuchte ihn durch ein paar Kastanien oder anderes, das man sich auf die flache Hand legte, zu sich herzulocken. Dabei bewegte man sich sehr vorsichtig, um den Hirsch nicht zu erschrecken. War das Vertrauen zwischen Hirsch und Kind einmal hergestellt, der Hirsch zu einem hergelaufen, war man kaum mehr heimzubringen. Ging man weiter, war hinter dem Lustschloss noch eine von mächtigen Eichen eingesäumte große Wiese. Dort saß oder lag man vor dem lichten Weidewald manchmal noch lange faul im Gras und freute sich über den gelungenen Tag. Die Welt war ja auch einen Tag wirklich rund gewesen. Der Spaziergang zum See wurde in der Kindheit als so harmonisch erlebt, dass man mit seiner ersten Liebe wieder zu ähnlicher Runde am See aufbrach. Man hoffte auf ähnliche harmonisierende Wirkung. Auch alle Mütter und Väter, Großmütter und Großväter erinnerten sich an die früheren Freuden und waren spätestens mit der nächsten Generation, den Kindern oder Enkeln, wieder auf dem Trip zum Monrepos, einem Spaziergang für alle Lebensalter und Lebenslagen.

HERZOG
... LUDWIG

MARKTPLATZ, HOLZMARKT UND STADT- ABENTEUER

Als wir in die Schule kamen, man etwas größer war und sich auch so fühlte, erweiterte sich auch unser Bild von der Stadt. Da wir in die Feuerseeschule eingeschult wurden, führte der Schulweg aus der Unteren Stadt zur Schule fast zum anderen Ende der Stadt. Der Schulweg wurde zur Eroberung seither unbekannter Welten. Auf dem Weg über den Holzmarkt, den Marktplatz, die Kirch- und die Seestraße zur Schule kam man fast durch die ganze Stadt. Ein Aha-Erlebnis folgte dem anderen. Aber bald wurde es wieder anders. In der Schulraumnot der 50er Jahre, viele Flüchtlinge waren in die Stadt gekommen, wurden die Schulklassen meist zu Wanderklassen. Man wechselte immer wieder zwischen einzelnen Schulen. Auch wir wanderten, der Schulweg wurde kürzer, die Schule noch interessanter. Nach den ersten Jahren in der Feuerseeschule wechselten wir in ein Schulgebäude auf dem Marktplatz. Dass wir dadurch für weitere Schmähungen, über die Beschimpfung wegen unserer nichtswürdigen Existenz als Tälesbanditen hinaus, anfällig wurden, ahnten wir zunächst nicht. Wir sollten es rasch erfahren. In dem Gebäude südlich der evangelischen Stadtkirche, heute findet sich dort ein beliebtes Café, gab es eine Hilfsschule, wie damals die Sonderschule hieß, und eben uns. Böse Zungen nannten die Hilfsschule ironisch »Marktplatzgymnasium«. Und nun waren wir nicht nur Tälesbanditen, sondern auch noch die vom »Marktplatzgymnasium«. In den in lustigster Häme zelebrierten schmähenden Zurufen war eine Absicht, uns zu schmeicheln, beim besten Willen nicht erkennbar.

Aber wie es auf der Welt so ist, es gibt auch immer wieder eine ausgleichende Gerechtigkeit. Wir waren in einem Terrain angekommen, in dem es wieder viel zu entdecken gab. Ein Teil des Marktplatzes war abgesperrt, er wurde zu unserem Schulhof. Natürlich war das der herrlichste Schulhof, den man sich denken konnte. Einer der schönsten, wenn nicht der schönste Marktplatz weit und breit, war ständig vor unseren Augen. Seine Weite, sein Ausmaß, seine Arkaden, die barocken Häuser mit ihren milden Farben und ihren schön gegliederten Fassaden, mit ihren Walmdächern und Dachgaupen, die gegeneinandergestellten dominanten Kirchen, die schönen »Ausgänge« aus dem Platz in die Obere und Untere Marktstraße und links und rechts an den Kirchen vorbei senkten sich für ein Leben lang als ein äußerst harmonisch empfundenes Bild in die Seele. Diese Erfahrung formte in jungen Jahren Maßstäbe für das Schöne und sorgte auf Dauer für ein ausgeprägtes Bedürfnis, Schönes in Städten, Landschaften und in der Kultur zu suchen, es weckte und legte sozusagen ein ästhetisches Gemüt ins uns an. Dieses Platzerlebnis machte uns alle auf ewig zu Ludwigsburgern mit Herz und Seele. Diesen Marktplatz und das Schloss musste man ein Leben lang immer wieder sehen. Das Staunen und der Stolz, hier aufgewachsen zu sein, blieben für immer.

Und das hatte ja auch seinen tieferen Grund. Nie und nirgendwo in Württemberg wurden so entschieden städtebaulich gewohnte Grenzen, Regeln und Gewohnheiten durchbrochen wie bei der Planung und dem Bau des Ludwigsburger Marktplatzes und der Stadt. Bodenständige Fachwerkstädte und schwerblütige und stolze Reichsstädte prägten das Bild der Städte im Land. In Ludwigsburg entstand »italienisches Design«, entstand ungewohnte, südländisch anmutende Leichtigkeit und Lockerheit. Und das für nicht gerade als Ästheten verschriene, eher schwerblütige Schwaben, deren Seligkeit meist im praktischen Wert der Dinge lag und liegt. Welch ein Glück, dass die Stadt einen Frisoni, den genialen Planer der Stadt, und die Artisten aus dem Intelvi-Tal, die Maler und Stuckateure aus dem Süden, im Schloss sah.

Nach der Schule konnte man ausschwärmen, den Schulweg etwas verlängern. Manchmal ging es auch heimlich mittags in die Stadt. So entdeckten wir die Stadt, ihre Handwerker, ihre Läden und Geschäfte. Die Geschichte des Schlosses und der Stadt zeigt, dass der Hof Handwerker, Arbeiter, Bedienstete, Beamte, Intelligenz und

Lebewelt anzog wie das Licht die Motten. Auch der Hof verlangte Dienste, hatte Bedarf an allen Dingen des Lebens, brauchte Personal. Erste Häuser entstanden, mussten entstehen, als man noch gar nicht an eine Stadtgründung dachte. Der Beginn der Stadt der »Bürger« lag vor allem im Bereich der späteren Oberen und Unteren Reithausstraße, Bauhofstraße und der Lindenstraße, dort entstand ein **Handwerkerviertel.** Die »Häuser der Noblen« baute man schlossnah. Der Hof, das Militär, das Gewerbe und die Bürger selbst brauchten Bäcker, Metzger, Wagner, Sattler, Schuhmacher und, und, und. Irgendwann gab es dann sogar Hoflieferanten, eine Hofdruckerei, eine Hofapotheke, einen Hofjuwelier, eine Hofbuchhandlung und andere auserwählte Betrieb und Geschäfte mehr. Einige firmieren heute noch mit Stolz als vom Hof »Geadelte«.

Viele Berufe, mit denen man einst das Geld für sein Leben verdienen konnte, gab es inzwischen nicht mehr. Schon lange brauchte man keine Musiker, Sänger und Tänzerinnen für den Hof mehr, keine Kutschenmacher, keine Sattler, keine Perückenmacher. Aber noch immer war die Untere Stadt, der älteste Stadtbezirk, ein Viertel mit vielen Handwerkern. Immer noch fand man Schuhmacher, Metzger, Bäcker, Schlosser, auch einen Schirmmacher, einen Alteisenhändler und einen Schmied und viele andere mehr. Dass die Untere Stadt ein großes Viertel der Handwerker und ein Viertel des Gewerbes, der Manufakturen gewesen war, war noch immer zu sehen. Viele von ihnen hatten ja bis zum Ende des Krieges durchaus zu tun gehabt. Das Handwerk verschwand nicht von einem Tag auf den anderen, auch nicht alles, aber viele Betriebe sollten den Zeitläuften nicht mehr gewachsen sein. Für manche gab es keinen Bedarf mehr, andere verschwanden, weil vieles industriell in großen Einheiten billiger und mit mehr Auswahl gefertigt wurde, weil größere Betriebe anderswo entstehen konnten ohne die Enge der alten Stadt. Der Stahlbesen der wirtschaftlichen Entwicklung der Zeit kehrte aus. Nicht nur die Kleinen, auch manche Große schwächelten oder verschwanden aus den nämlichen Gründen, die Großen fraßen die Kleinen, die ganz Großen die Großen. Es gab keine Gasanstalt mehr, keinen Orgelbau mehr, keine Textilproduktion mehr. Wir sahen, ohne so etwas zu ahnen, den Beginn des Schwundes einer großen Zahl von Handwerkern und Läden in diesem Gebiet, das letzte Stadium einer einst stolzen Handwerker- und Einzelhändlertradition.

Die **Handwerker** imponierten uns am meisten. Wir durften ihnen bei ihrer Arbeit zusehen, sahen, was sie so herstellten und wie sie es herstellten. Sie waren die interessantesten Zeitgenossen. Im Ergebnis wollten wir dann später einmal Bäcker, mal Schuster, mal Schlosser, mal Schmied, auch mal Alteisenhändler werden. Unsere gute Meinung von ihnen war auch dadurch gewachsen, dass in jedem Betrieb überdimensioniert große, sehr beeindruckende Meisterbriefe mit dicken Rahmen aufgehängt waren. Auf ihnen war der Erinnerung nach ein ganz alter Mann mit Bart zu sehen, so wie wir uns den Turnvater Jahn vorstellten, der aber wohl der Innungsmeister oder Zunftmeister war, der dem neuen Meister gratulierte und ihm eine Urkunde übergab.

Gern waren wir vor allem beim **Schuster am Holzmarkt.** Es war faszinierend, dem Fertigen und Reparieren von Schuhen zuzusehen. Vielleicht auch weil wir hörten, dass ein guter Teil der Ludwigsburger in der »Schuhbude«, sprich bei Salamander in Kornwestheim, arbeitete. Beim Schuster konnte man Schusterleim riechen, sah, wie flink geleimt, genagelt, geschliffen, geschnitten wurde. Es schien so, wie wenn sich der Meister, wenn wir zuschauten, sich auch für uns etwas ins Zeug legte. Es ging ja um den Eindruck und vielleicht auch um die zukünftige Kundschaft. Man sah also, wie gekonnt besohlt wurde, Absätze genagelt wurden, sah zu, was ein Dreibein taugte, das der Großvater zu Hause auch selbst für das Aufnageln der Absätze nutzte, sah, wie die mondsichelförmigen »Eisele« an die Spitzen und Enden der Schuhe genagelt wurden, damit Sohlen und Absätze sich nicht so schnell abnutzten. Schön war es, dass diese » Eisele« beim Gehen so schöne Geräusche gaben, klackten, als ob Stepptänzer unterwegs wären. Mächtig imponierte uns auch ein in der Oberen Marktstraße in einem Schaufenster ausgestellter schwarzer Riesenstiefel, ein Reitstiefel, mindestens 2,50 m hoch, der einen guten Teil des Schaufensters füllte. In der Werkstatt des Schusters war es so fesselnd und unterhaltsam, dass man gelegentlich so lange blieb, bis ein schmerzhaftes Ziehen an einem länger werdenden Ohr, durch ungeduldige Eltern verursacht, die die Suche nach der jüngeren Generation offenkundig »den letzten Nerv gekostet hatte«, wie sie öfters sagten, daran erinnerte, dass es so etwas wie einen Heimweg auch noch gab.

Auch beim **Bäcker in der Talstraße,** der gegenüber von unserem einstigen Kindergarten, »Kinderschüle« genannt, seinen Laden und seine Backstube hatte, war Unterhaltung geboten. Man durfte beim Backen und beim Nudelmachen zuschauen. Gelegentlich fütterte er uns zu seinem Vergnügen und zu seiner Schadenfreude mit süßem Teig, bis uns schlecht wurde. Man sah den großen Backofen von Werner und Pfleiderer, sah, wie der immer wieder geöffnet wurde und das Brot auf langen Schaufeln hineingeschoben wurde und mit einem kurzen Ruck die Schaufel unter den im Ofen abzulegenden Broten hervorgezogen wurde. Die Bäcker nannten das das »Brot einschießen«. Vielleicht lag diese martialische Ausdrucksweise auch daran, dass man in einer Garnisonsstadt war. Die Bäcker backten ja auch noch Kommissbrot, ein gut schmeckendes Kastenbrot. Es gab ohnehin nur zweierlei Brot. Die schwindelerregende Zahl von Brotsorten von heute gab es noch nicht, und es gab nur »Wasserweckle« und »Milchbrötle«, manchmal auch Seele, und man war dankbar, wenn es Milchbrötchen sein durften. Die Zeit der Croissants, der Baguettes, der Körnerbrötchen war noch weit. Immerhin gab es ab und zu auch ein »Schäumle« oder, ohne Sorge vor der Meinung der Besatzungsmacht und vor Missverständnissen mit den späteren Freunden aus Amerika, auch einen Amerikaner zum Vernaschen,

Verschwunden:
Kinderheilanstalt in der Hospitalstraße.

ein beliebtes süßes Stückle. Auch was da alles beim Bäcker an Nudeln entstand, war schon zum Staunen: breite Nudeln und Spätzle
und den vermeintlichen Inbegriff italienischer Küche Spaghetti und
Makkaroni. Finito, mehr Nudelsorten machte er nicht. Noch lange
wussten wir nicht, welche Phantasie die Italiener wirklich aufbrin-
gen, wenn sie Nudeln machen. Später mussten wir insgeheim zuge-
ben, wie phantasielos diese schwäbischen Hochzeitsnudeln doch so
sind. Man sah in der Backstube auch, wie man blitzschnell Brezeln
schlingt, was ein Leben lang Respekt für so eine Brezel verursachte.
Nachdem die Besuche bei den »Bäckeseckel«, wie wir sie unter uns
nannten, weniger wegen einer schlechten Meinung über sie, sondern
wegen des doch zu lustigen Ausdrucks, so vertrauenserweckend ver-
liefen, konnte man am Samstag den Kuchen auf einem großen Blech

getrost zum Backen bringen. Backhäuser wie auf dem Land gab es in der Stadt ohnehin nicht, einen Backofen hatte auch niemand.

Gelegentlich schauten wir auch beim **Korbmachen** zu. Im Sommer saßen in der Hospitalstraße in einer schattigen Hofeinfahrt der »Kinderheilanstalt«, wahrscheinlich wegen der Hitze, Behinderte und flochten Körbe aller Art aus Weidenruten: Einkaufskörbe, Waschkörbe, Obstkörbe. Sie gehörten zu dem von der Kronprinzessin Marie v. Waldeck-Pyrmont gegründeten »Maria- und Martha-Stift für verkrüppelte Mädchen«, in dem die Mädchen nach der orthopädischen Behandlung in der »A. H. Wernerschen Krankenanstalt« lernen sollten, ihren eigenen Lebensunterhalt zu verdienen.

Sehr viel Spaß machte uns der **Friseur,** genauer gesagt sein Geselle. **Er kam sonntags zu uns nach Hause** und schnitt allen die Haare. Alle waren gut aufgelegt und es wurde Stunde um Stunde lustiger, weil der Friseurgeselle knitz und pfiffig war, einen Witz nach dem anderen riss. Er war zufrieden, weil er etwas für sich zuverdienen konnte, und wir, weil man nicht so viel zu zahlen hatte. Für die gute Stimmung sorgte auch ein oder auch mal mehr als ein frisches Bier, das wir Kinder in der nächstliegenden Wirtschaft holen mussten. Ein kühles Bier war damals nur außer Haus zu bekommen, weil niemand einen Eisschrank hatte. Nur in den Gaststätten, die noch große Stangen Eis für ihre Kühlschränke und ihre Keller angeliefert bekamen, war gekühltes Bier erhältlich.

Um größere Kaliber ging es beim **Schmied** in der Reithausstraße. Er war ohne Zweifel der interessanteste Handwerker. In seiner Schmiede, da zischte und dampfte es, war es schwarz und rußig, stank es nach verbranntem Horn, gab es glühende Eisen, sah man einen großen Blasebalg, die Esse, einen Amboss, den großen Schmiedehammer. Man musste Abstand halten, und das machte es natürlich noch eindrucksvoller. Wir fragten uns, was das Pferd sich so alles gefal-

Alte Schmiede.
Zeugt für die
Pferdestadt
Ludwigsburg.

len ließ oder nicht. Schlug es aus, wurde es unruhig, bewegte es sich nach vorne oder zur Seite, war es überhaupt zu halten? Der Schmied und ein Helfer hatten die Situation aber eigentlich immer im Griff. Sie waren allerdings auch machtlos, wenn das Pferd per hochgestelltem Schweif Pferdeäpfel ankündigte. Dann traten auch sie unerwartet rasch und zügig auf die Seite. Man staunte, wie es gelang, dass das Pferd zum Beschlagen sein Bein anwinkelte und dass das Bein bis zum Abschluss der Arbeit so angewinkelt blieb. Man sah, wie das alte Hufeisen entfernt wurde, wie die Hufe ausgekratzt und zurechtgeschnitten wurden, sah, dass der Schmied mit einer großen Zange ein glühendes Hufeisen hielt, beobachtete, wie er es mit dem Schmiedehammer auf dem Amboss bearbeitete, es drehte, hämmerte, schlug und formte und verfolgte schließlich das Aufbrennen und das Aufnageln des zuvor passend geschmiedeten, rotglühenden Hufeisens. Jedes Mal, wenn wir in der Unteren Reithausstraße unterwegs waren, war dieses Erlebnis Pflicht.

Eine andere als die Welt der Handwerker war die nicht minder anziehende **Welt der Ludwigsburger Läden und Geschäfte.** War, weil der allergrößte Teil dieser Läden nicht mehr existiert, in zwei oder drei Jahrzehnten verschwunden ist. Ein Ladensterben ohne Ende sollte die einst so überschaubare und gefällige Einkaufslandschaft beenden. Die vielen kleinen Kolonialwarenläden, die noch als sterbende Tante-Emma-Läden traurige Berühmtheit erlangten, waren die Ersten, die nicht mehr mithalten konnten. Sie waren bekannt, beliebt, aber fast niemand kaufte mehr in ihnen ein. Die größeren Läden, der Konsum, A & O, Lichdi und wie sie alle hießen, waren in Mode. Schließlich konnten auch sie sich nicht mehr behaupten und wurden von den noch größeren Läden der kapitalkräftigeren Ladenketten verdrängt. Rewe und Edeka folgten Aldi, Lidl, Penny, Netto. Für die sympathischen kleinen, einst stadtbildprägenden Lädchen war kein Platz mehr. Wieder fraß Groß Klein und Ganz Groß Mittel und Groß. Nicht einmal das Wort Einkaufszentrum kannte

Einzigartig:
Hofjuwelier Kiesel.

man damals. Richtige Kaufhäuser gab es nur in Stuttgart, kleine in Ludwigsburg nannten sich so: wie das Favorite, das Kaufhaus Berg, der Schertle und der Oberpaur.

Das **Verschwinden vieler Läden** war mehr als der übliche Lauf der Welt des Werdens und Vergehens in der Wirtschaft. Es veränderte das Gesicht der Stadt, die Stimmung, die Atmosphäre und bei weitem nicht immer zum Besten. Wenn man genau hinsah, sah man, dass nach und nach ein Fachgeschäft nach dem anderen verschwand. Das Angebot in den Straßen änderte sich dramatisch. Immer wieder standen auch Geschäfte leer. Immer mehr wurden die Einkaufsstraßen zu »Fressmeilen«, zu Orten der Schnellimbisse, zu Orten des Ausgehens, Orte für die Cafés, mit Läden seither oft unbekannter Waren, vieles wurde »schreiender«, »aufdringlicher« in der Präsentation, die alte Beschaulichkeit wich, der Pulsschlag der Stadt änderte sich. Der klassische Einzelhandel litt an Auszehrung. In kürzester

Zeit konnte man selbst nur noch schwer glauben, dass es erst wenige Jahre her war, dass der Kolonialwarenladen meist auch wirklich alles hatte, was man damals zum tagtäglichen Leben brauchte. Man konnte kaum mehr glauben, dass im Laden noch alles über den Tisch, die Verkaufstheke, gegangen war, das meiste noch in Tüten, schwäbisch Gucken, abgefüllt und eingewogen worden war, dass man dann alles ins Einkaufsnetz gepackt hatte, dass man Milch noch in der Milchkanne geholt hatte. Schon gar nicht mehr wollte man glauben, dass es erst wenige Jahre her war, dass man von der Großmutter anfangs der 50er Jahre noch einen Einkaufszettel in die Hand gedrückt bekommen hatte, der noch in deutscher Schrift geschrieben war.

Kirchstraße, als man noch nichts von Fußgängerzonen wusste.

Hoflieferantenstolz
auch heute noch ...

Von oben nach unten:
Hofbuchhandlung Aigner.
Hofjuwelier Kiesel und
Hofapotheke.

81

Olivier:
Erster Eissalon
(Eisdiele) in
Ludwigsburg.

War man ein Schlüsselkind, also die Eltern den ganzen Tag bei der Arbeit, war die Chance, in der Stadt alles zu erforschen, noch größer. Was gab es nicht alles für Geschäfte, in deren Schaufenster man neugierig schauen konnte und sehen konnte, was die Welt so bot. Die Straßen sahen ganz anders aus als heute. Was eine Fußgängerzone ist, wusste noch kein Mensch. In der Kirchstraße und der Seestraße fuhren noch Autos. Für die heute so heiß begehrten Döner und Pommes brauchte es kein Geld, die gab es noch gar nicht. Erst in den 50er Jahren gab es dann den ersten Eissalon in der Oberen Marktstraße, dann einige Jahre später den zweiten in der Myliusstraße. Italienisches Eis war der erste Bote für noch viele weitere Errungenschaften der italienischen Lebensart. Kein Mensch wusste etwas von Espresso, Cappuccino oder Latte macchiato. Auch ein französisches Croissant oder Baguette waren Fremdworte. Nicht ein einziges italienisches Lokal gab es in der Stadt, nicht ein einziges Straßencafé.

Überhaupt wusste man, in Zeiten, in denen Bratkartoffel und Kar-
toffelsalat noch die Hits der Zeit waren, Bratwurst und gem. Salat
in den Gaststätten noch ein Ereignis war, so gut wie nichts von der
feinen Lebensart. Das konnte gar nicht anders sein, in einer Zeit, in
der man Schuhe und Kleider am besten noch »vererbt« hat. Feinkost
gab es in den Läden nicht. Nur in einem kleinen Laden in der Seestraße sah man mit Staunen, ja fast einem gewissen Befremden, die
so komisch weiß »angestrichenen« Würste, diese »Käseräder«, die
unnötig vielen Käsesorten, die auch noch so komische ausländische
Namen hatten, und entdeckte verwundert die eigenartig bauchigen,
mit Bast umwickelten Weinflaschen. In Zeiten, in denen mancher
noch bei der Volkshilfe, heute smarter Secondhandshop genannt,
einkaufte, war das nur zum Anschauen und für einige wenige, die es
offensichtlich hatten, das nötige Geld.

Aber irgendwann gab es auch für die Otto Normalverbraucher Neues,
wenn auch noch lange nicht die feine Lebensart. Neu war eine Sache
namens Curry-Wurst, neu war der Schaschlik-Spieß, neu waren auch
Pommes frites. Erst in den späten Fünfzigern überraschte ein erstes
Wurst- und Pommes-Ständchen beim Bahnhotel. Dort am Bahnhof
war auch etwas anderes zuvor nicht gesehen. Ein kräftiger, hochge-
wachsener, beleibter Herr, mit hochrotem Kopf und mit Schirmmütze
und Gamaschen ausgestattet, der wie ein Chauffeur eines hochherr-
schaftlichen Fahrzeugs wirkte, uns Kinder erinnerte er irgendwie an
die Gelbbauchunke Unkerich im Lurchi-Heftle, stand seit Beginn der
50er Jahre bei allen Wetterlagen, im Sommer wie im Winter, vor der
Post und rief seine Zeitung aus. Er verkaufte die neue Errungenschaft
»Bild-Zeitung«. Für 10 Pfennig war sie zu haben.

In der Hamburger Fischhalle konnte man die Fische »anglotzen«,
ab und zu starrte auch ein Reh so eigenartig zurück. In manchen
Modegeschäften, beim Herrenmoden Breitling, beim Hosen-Schert-
le, konnte man zusehen, wie sich die Schaufensterpuppen anziehen

ließen. Das Messergeschäft Hahn löste immer wieder den Wunsch nach einem roten Schweizer Taschenmesser aus, das so viele beeindruckende kleine Messer und einen Korkenzieher und eine Schere hatte. Der Uhren Gössele, der Hofjuwelier Kiesel hatten einige wenige Uhren in der Auslage, damals meist noch deutsche Fabrikate, im Kaufhaus Favorite konnte man an den Wühltischen vorbeigehen, Gewehre und Schreibmaschinen gab es in einem Laden in der Lindenstraße. Das Geschäft für Haushaltswaren und Geschirr, der Dürr, der Sport Gross, der Feinkostladen Büchsenstein und Essig, in der Seestraße der Bäcker Baier mit seinem Café, der Rahmen-Würch, das Reformhaus, alle sind sie verschwunden, wie die Waffelfabrik im Gewächshausweg, in der man Waffelbruch bekam.

In der Seestraße konnte man noch lange Schlangen von Arbeitslosen sehen. Ihr Arbeitslosengeld bekamen sie nach langem Warten in einer Tüte. Vom Ernst der Welt nahmen wir sonst nichts wahr, wir hatten auch keinen Vergleich, wie es hätte sein können oder sollen. Spuren des Krieges gab es wenige in Ludwigsburg. Eine blieb vielleicht gerade deshalb so nachdrücklich in Erinnerung. Gegenüber dem Hallenbad war lange Jahre eine der wenigen Kriegsruinen in der Stadt. In einem kleinen Kiosk saß auf dem Grundstück der Ruine ein kriegsbehinderter Mann, dem die Beine fehlten. Er versorgte die Schüler mit Süßigkeiten und dem, was man für ein feines Schülerleben sonst noch brauchte.

Ein Lieblingsladen für alle Kinder war Salamander **Schuh Braun** in der Kirchstraße. Für uns Kinder stand er nicht wegen der neuen Schuhe so hoch im Kurs, sondern weil wir beim Kauf der Schuhe ein **Lurchi-Heft** bekamen, mit den Abenteuern des Salamanders Lurchi und seinen Freunden, der Gelbbauchunke Unkerich, dem Mäuserich Mäusepiep, dem Igel Igelmann und dem Zwerg Piping und dem Frosch Hopps und wie sie alle hießen. Lurchi war der Held unserer Kindheit. Die Lurchi-Hefte waren Kult, wie man heute sagen würde. Sätze wie »Alle jubeln und sind froh, denn der Hamster ist k. o.«, waren einfach zu schön. Auch der obligatorische Refrain am Ende der Heftchen »Lange schallt's im Walde noch, Salamander lebe hoch« vermittelte Harmonie. Alle waren nach dem Kauf der Schuhe zufrieden, die Schuhverkäuferin, die Mutter, die den Einkauf mit dem unruhigen Quecksilber-Kind endlich geschafft hatte, und die Kinder wegen des erbeuteten Heftchens mit Lurchi-Abenteuern natürlich am meisten. Tief blicken konnten wir beim Schuh Braun auch. Bevor das Lurchi-Heft über den Ladentisch wanderte, musste man natürlich Schuhe kaufen. Und der Schuh Braun hatte nicht nur ein kleines beliebtes Kinder-Karussell, um die junge Bande ruhigzustellen, vor allem wenn die Eltern selbst Schuhe kaufen wollten, sondern etwas ganz Gespenstisches und Aufregendes. Wenn man nicht so genau wusste, was man von den Aussagen der Kinder halten sollte, wissen wollte, ob die Schuhe nun drückten oder nicht, passten oder nicht, wurde man einem »Durchleuchtungsgerät« ausgesetzt. In dieses Gerät steckte man seine Füße mit den angezogenen neuen Schuhen. Dann konnte man durch Gucklöcher, zwei auf der Seite, je eins für die Mutter und die Schuhverkäuferin und eines in der Mitte für die Kinder, auf die Füße hinunterschauen, die grün fluoreszierend abgebildet, »skelettiert« waren. Man sah den Rand des Schuhs und die Zehen wie in einem Röntgenbild, sah also genau, ob die Zehen «noch Luft hatten«. Ein Schaudern war es immer, die Knochen, die eigenen Zehen zu sehen, aber nach dieser Prozedur war jedenfalls absolut klar, ob die Schuhe groß genug, zu groß oder zu klein waren, und klar war auch, jetzt war das Lurchi-Heftle nicht mehr weit.

Nummer eins unter den Läden war für uns Kinder der **Spielwaren Rees** in der Kirchstraße, Ecke Asperger Straße, ein Paradies für Kinder über Jahrzehnte. An seinen Auslagen konnte man sich nicht sattsehen. Die damals noch äußerst beliebte Modelleisenbahn war dort, meist vor Weihnachten, der Star der Stars. Sie war der Maßstab des Kinderglückes an Weihnachten. Wenn die Märklin oder eine Fleischmann im Kreis herumfuhr, im Tunnel verschwand und wieder auftauchte, an Bahnhöfen hielt, dann waren nicht nur Kinderaugen groß, auch die Erwachsenen, vor allem die Väter, die das ja aufbauen wollten und mussten, waren ganz hin und weg. War die Perspektive erschöpft, ging man ums Eck, um vom zweiten Schaufenster aus das Ganze nochmals ganz sorgfältig aus der anderen Warte zu studieren.

Beliebt war es auch, vor oder nach der Schule beim **Zoo-Dentz** in der Kirchstraße vorbeizuschauen, um die im Schaufenster ausgestellten Tiere zu beobachten und um zu sehen, wie es ihnen heute so ging. Was so ein Hamster, der Hase oder die vielen Kanarienvögel oder Wellensittiche so alles taten, war ja auch immer schwer vorauszuahnen. Man musste das alles lang und länger studieren, auch wenn man nicht selten wegen der damit verbundenen späten Heimkehr dafür mächtig gescholten wurde.

Stadtabenteuer versprach auch anderes. Was man auf dem Schulweg sowieso sah, war mit der Zeit nicht mehr spannend genug. War man Schlüsselkind oder ging es daheim nicht so streng zu, musste man also nicht gleich heim, schwärmte man immer weiter aus, um die Stadt kennenzulernen. Zuerst entdeckten wir, dass man in der Blumenstraße, in der alten **AOK,** in einer Drehtür so lange im Kreis »fahren« konnte, bis einem schwindelig wurde oder man verjagt wurde. Andere Türen waren auch oft das Ziel: die großen zwei Schwingtüren der **Bahnhofshalle.** Sie konnte man richtig in Schwung bringen und konnte von der einen zur nächsten rennen, um zu sehen, wie stark sie sich jeweils noch vom letzten »Anschucken« her bewegten. Verfolgungsjagden durch die Halle und außen herum wurden immer wieder veranstaltet. Es ging fast zu wie im Western-Saloon, wir entwickelten ein gutes Feeling für ein effektvolles Aufstoßen der Türen, je weiter sie schwangen, desto zufriedener waren wir. Gar nicht zufrieden waren die Bahnbenutzer, die Fahrkarten kaufen und nicht von Schwingtüren »getroffen« werden wollten. So dauerten die Western-Saloon-Spiele meist nicht allzu lange. Auch anderes fand in der Schalterhalle statt, was nicht jedermann erfreute. Ein Klassenkamerad, der dort am Schalter arbeitete, erzählte noch Jahrzehnte später mit Entsetzen, dass einmal sogar ein Goggo durch die Schwingtüren in die Schalterhalle hinein- und wieder hinausgefahren sei. Goggo, BMW-Isetta und der Kabinenroller Messerschmitt waren damals die »Leukoplastbomber« genannten Kleinautos für den allerschmalsten Geldbeutel. Zusammen mit dem allseits beliebten VW-Käfer, noch mit geteiltem Rückfenster und Ausstell-Blinker, markierten sie den Beginn der Autoseuche.

Weicht einem neuen Bahnhof. Noch aus Dampfzugszeiten: Ludwigsburger Bahnhof mit Wartehalle.

Im Bereich **Bahnhof** war es auch sonst spannend. Vom **Franck-Steg** aus konnte man die noch zahlreichen Dampfzüge beobachten. Man zählte die Waggons der Güterzüge, bestaunte die Kaffeemühle am Gebäude von Franck & Kathreiner, dem Wurzelsieder, der Zichorienfabrik, wegen der man Ludwigsburg auch belustigt »Hauptstadt der Zichorie« nannte. Gegenüber den Gebäuden von Bleyle sah man den Pferdemetzger oder war es die Freibankfleisch-Metzgerei? Egal, wir waren jedenfalls irritiert von dieser Einrichtung. Vor den Bahnsteigen waren damals an den Zugängen zu den Bahngleisen noch kleine Häuschen, eigentlich nur überdachte Sitzplätze, in denen Männer saßen, im Winter völlig vermummt und mit an den Fingern abgeschnittenen Handschuhen, die in die Fahrkarten mit eigenartigen Zangen Löcher knipsten. Erst nach dem Knipsen, dem Entwerten der Fahrkarte, war dann der Zugang zu den Gleisen erlaubt. Ohne eine Fahrkarte hätte man nur mit einer Bahnsteigkarte zu den Gleisen gekonnt. Wichtig war am Bahnhof auch, dass man dort einen kostenlosen Wetterbericht bekam. Alle wussten genau, dass mit schlechtem Wetter zu rechnen war, wenn es dort, wo der Muckefuck produziert wurde, nach gerösteter Zichorie von Franck & Kathreiner stank. In Ludwigsburg flogen nicht die Schwalben tief, der Geruch der Zichorie, der zwischen den Häusern »hängen blieb«, signalisierte das Gleiche. Schwalben waren in einer Residenz natürlich nicht so präsent wie auf dem Land, der Duft der Zichorie ersetzte das fliegende Volk.

Wetterstation Zichorie.

SCHLOSS UND ANLAGEN, STADT UND ALLEEN:

WAS HERZÖGE UND KÖNIGE SO ALLES HINTERLASSEN

Lange bevor es einen Märchengarten und ein Blühendes Barock gab, waren die **Unteren Anlagen,** wie man den nördlichen Teil des Schlossgartens nannte, ein Revier geradezu wie geschaffen für Kinder. Es waren dort noch keine Blumenrabatte zu finden, kein Tal der Flamingos, kein Rapunzel, das einen Zopf herabließ, und keine Tauben, die alle 10 Minuten zum Aschenputtel kamen. Vor und in den ersten Jahren der 50er Jahre waren dort nur Wiesen, Gestrüpp, Büsche und uralte hohe Bäume. Ein, nein zwei »verwilderte« Seen, der Schüsselesee und ein Weiher im Tal unterhalb der Emichsburg, machten die Gegend für Abenteuer noch interessanter. Geheimnisvolle Löcher im Felsen unter der Emichsburg waren Anlass für endlos viele Überlegungen zum Ritter Emich. Der Blick von der Terrasse der Burg verschuf den Überblick und von der Plattform aus konnte man des Öfteren hinunterspucken, um Flugkurven und Falldauer zu berechnen. Im Tal beim See war auch ein geheimnisvoll und düster wirkendes efeuumranktes Haus aus Sandstein gebaut, das die Phantasie anregte und uns fragen ließ, welche finsteren Leute dort wohl wohnten. Wo sich später eine Milchbar und Flamingos fanden, war nur ein, je nach Wetter auch mächtig stinkender, offen geführter Abwasserkanal, die Sanddole, mit dem gesamten Abwasser der Stadt, das nach Hoheneck zur Kläranlage geleitet wurde.

Besonders geheimnisvoll war, dass ein nahezu tunneleingangsgroßer Schlund aus der Aufschüttung herauskam, die zwischen Schloss und Favorite das einstige Tal beseitigt hatte. In die Kanalröhre traute man sich in mutigen Augenblicken auch mal 20 oder 30 Meter hinein, meist für motivierende 10 Pfennige, weil man aufgeschnappt hatte, dass man im Krieg sich ja dort zum Luftschutz auch aufgehalten hatte. Die Angst vor Ratten hat regelmäßig das hastig abgewickelte Abenteuer zeitlich begrenzt. Die junge Seele war doch noch einigen Ängsten mehr zugänglich. Es gab noch Nachwirkungen von dem damals noch üblichen Erziehungsmittel »Nachtkrabb«, der, so wurde uns immer wieder eingeschärft, einen holen würde, wenn man nicht bald genug heimkäme.

Sehr unterhaltsam war auch ein ewig laufendes Brünnele am Fuß des Aufstiegs zur Planie. Es war herrlich geeignet, die Erfahrungen, die man am Marktplatz- und Schlosshofbrunnen mit dem kühlen Nass gewonnen hatte, wieder einmal einzusetzen. Man konnte sich und sein Mütchen kühlen, seine Kräfte mit den anderen Jungs messen, und natürlich konnte man auch die Mädchen bespritzen, die dann natürlich erwartungsgemäß kreischen konnten. Bei dem nassen Element konnte man es einige Zeit aushalten. Danach, mit ein oder zwei Schluck kühlem Quellwasser gelabt, strebte man der Emichsburg zu. Genauer gesagt dem See unter der Burg, der ein Refugium war für endlos lange Sommernachmittage zum Spielen, Entdecken, Stöbern, Blödsinn machen, Stecken schnitzen, im Gras liegen, zum Wasserspritzen, Holzstücke hineinschmeißen und wieder herausfischen, zum Steine hinein plumpsen lassen, nach Kaulquappen und Fröschen suchen und Tang ernten. Das alles hielt schon einen Nachmittag aus, bis die Glocken von der Stadtkirche, oder waren es Glöckchen vom Schloss, zeigten, dass es höchste Eisenbahn war heimzukommen. Die Unteren Anlagen, eine Gegend also wie geschaffen zum In-den-Tag-hinein-Leben, zum Leben, im Hier und Jetzt, nicht einen Gedanken verschwenden zu müssen, weder an gestern noch an morgen, selbstversunken in der Welt zu sein, keinen Ansprüchen ausgesetzt zu sein, am allerwenigsten von sich selbst.

Sehr beschäftigt haben uns auch die Gitter der Emichsburg auf halber Höhe der Felsen und mehrere Gitter oben unter der Terrasse der Burg. Was hatte der Ritter Emich, der sagenumwobene Gründer des Hauses Württemberg, auf der Burg eigentlich so gemacht? Gab es dort ein richtiges Verlies, waren dort die Räuber und Schurken untergebracht, gab es dort noch Skelette oder wenigstens Totenköpfe? War dort ein »Lägerle«, vielleicht sogar heute noch. Waren dort ab und zu auch Vagabunden, Landstreicher von heute? Je intensiver man auch immer auf die Löcher starrte, je mehr die Phantasie auch arbeitete, Antworten auf die selbst gestellten Fragen gab es keine, aber einen

Badgarten, seit ewig eine
Oase der Harmonie.

Schauder, der einem bei den besten und gruseligsten Einfällen über den Rücken lief. Die Phantasie hatte freien Lauf, jeden Tag konnte ja etwas Neues passieren, sich das Rätsel lüften. Später war dann zu hören, dass dort tatsächlich ein Mann namens Füchsle oder so ähnlich, der gesucht wurde, lange Zeit kampiert hatte, was nur bestätigt, dass man auch als Kind den richtigen Riecher haben kann.

Und es gab ja nicht nur die reale Welt, wie sie zu sehen war, sondern auch eine Welt der Phantasie, die uns unterhielt. Und es war ja naheliegend, seinen Gedanken nachzuhängen, schließlich war man in der Nähe eines Schlosses, wo man sich alles Mögliche sehr gut vorstellen konnte: Wie und wo der Herzog oder der König und die

Herzogin und die Königin spazieren gegangen waren, wie sie sich zwischen den Hofleuten mit den Reifröcken und gepuderten Häuptern bewegt hatten, wie sie mit dem Wein aus dem Großen Fass, das wie wir wussten, am östlichen Eck des Fürstenbaus im Keller lag, bewirtet wurden, es sich gut gehen ließen, wie schön die Musik in der angeblich größten Oper Europas am Schüsselesee gewesen sein musste. Alles in unserer Phantasie muss so ziemlich dem Märchen vom Schlaraffenland ähnlich gewesen sein.

Bis eines Tages uns unser ganzes Reich der Phantasie durch eine andere Phantasie aus der Realität zerstört wurde. Ein Mädchen, Monika Gwinner, war in den Anlagen verschwunden. Die ganze Bevölkerung war entsetzt und trauerte. Wir durften fortan dort in unserem Kinderparadies beim Ritter Emich nicht mehr spielen. Noch ahnten wir nicht, dass es einige wenige Jahre später sowieso ein Ende damit gehabt hätte, das Blühende Barock sollte entstehen. Auch zu vielem gut, für uns zunächst wegen des Feuerwerks, bei dem wir gegen Entgelt die Lichtlein aufstellen durften.

Schön war Ludwigsburg in dieser Zeit der 50er und 60er Jahre, schön war es, **in der eigenen Stadt zu sein und zu leben.** Weltläufig, wie heute, war niemand. Und das konnte man ja auch nicht sein, in Zeiten, in denen man anfangs gar nicht Urlaub machte oder etwas später die eigene Welt allenfalls bis in den Schwarzwald oder nach Bayern reichte, und vielleicht dann auch mal an den Gardasee und die Adria. Welt war also weitgehend noch bei uns selbst. Da Autos Mangelware waren, ging man in der Freizeit vor allem zu Fuß. Das war gesund und führte dazu, dass man viel miteinander reden konnte. Die vielen Runden, die man »drehte«, führten dazu, dass die Liebe zur Stadt geweckt wurde. Zu den Unternehmungen, die zu allgemeiner Zufriedenheit führten, gehörte ein **Nachmittag im Badgarten.** Er war damals das beliebteste Ausflugslokal, eine Ludwigsburger Institution. Durch das noch offene, heute geschlossene Schlossgartentor beim Heilbronner Tor, damals eines der bekanntesten Motive für Postkarten, ging die ganze Familie unterhalb des Schlosses und an ihm entlang durch die später für viele »Tulpenorgien« gute Allee zum Schüsselesee und zu dem direkt daneben liegenden Badgarten. Und dieser Weg war noch ohne jeden Eintritt möglich. Es gab kein Blühendes Barock, keinen Märchengarten und keine Tulpenschau oder sonstige Blumenpracht. Ja der Platz vor dem Fürstenbau, den heute mit bunten Steinchen prächtig ausgelegte Barockbeete zieren, war lange Zeit sogar Fußballplatz und Tennisplatz gewesen. Uns Kindern dienten im Winter die Terrassen unterhalb des Schlosses noch als Schlittenhang.

Der **Spaziergang zum Badgarten** versprach besonders viel Genuss. Der wichtigste Punkt und die Motivation für den Marsch dahin war, dass die Interessen von Alt und Jung sich finden ließen. Für den Opa war es die Aussicht auf ein gutes Bier, das ihm den Spaziergang mit dem Enkel schmackhaft machte. Für die Oma war die Aussicht auf einen Kaffee und einen Traubensaft verlockend, teuren Kuchen verkniff man sich. Für uns Kinder gab es ein Goldfischbecken und die lange Kegelbahn, wo man etwas kiebitzen konnte und mindestens hörte, wie die Kegel so schepperten und manchmal auch »Alle Neune« zu hören war, und natürlich die Aussicht auf ein Raspa, ein Sinalco, ein Bluna oder ein Afri-Cola. Der Badgarten wurde im Sommer nachgerade hartnäckig immer wieder angestrebt, auch schon eine Art von Nachhaltigkeit in Zeiten, in denen es diesen Begriff noch gar nicht gab. Unter einem großen Kastaniendach schmeckte das Bier ja schließlich auch hervorragend. Man tat sich genüsslich. Der Enkel bekam im späteren Verlauf der gemeinsamen »Sitzung« zur Ruhigstellung, wenn es doch –wie so oft – länger dauerte, bis die Seele wirklich voll und ganz rund war, noch eine Brezel.

Nach dem Aufbruch aus dem Biergartenhimmel kam ein weiterer Höhepunkt für den Enkel, auch ein Erlebnis für eine ganze Generation von Kindern. Gegenüber dem alten Krankenhaus, einem stattlichen Ziegelbau, noch nicht dieser himmelstürmende Betonriese von heute, war in einem Garten eine romantische Burg aufgebaut, eine Mischung aus Lichtenstein und Hohenzollern. Wasser, das über kleine Felsen rann, war zu sehen, ein Wasserrad und eine ganze Kolonie von Gartenzwergen zwischen Farnen. Dort musste man natürlich auch anhalten, um sich über die Burgenromantik und die Gartenzwergidylle zu freuen. Da nach dem Bier und dem langen Sitzen doch noch etwas mehr Auslauf nötig war, ging es weiter noch zum Grab des Königs an der Mauer auf dem Alten Friedhof. Nun war der Opa beileibe kein Monarchist, das man dorthin hätte gehen müssen, was ihn aber mit der Monarchie wohl versöhnt hatte, war, dass er wie viele Ludwigsburger Kinder zu Weihnachten vom König ins Schloss eingeladen gewesen war und immer ein Geschenk bekommen hatte. Er fand deshalb, aber nicht nur deshalb, wie viele, ja ganz Württemberg, den König, der nie viel Aufhebens von sich gemacht hatte, sehr sympathisch. Der Großvater hatte als junger Mann den Leichenzug für den König von Marienwahl durch Ludwigsburg über die Stuttgarter und Schorndorfer Straße, vorbei an Zehntausenden von Menschen und mit großer Trauerbeflaggung in der Stadt, noch selbst erlebt. Imponiert hatte allen auch der Wunsch des Königs nach einer Beerdigung ohne Reden, Trauermusik und Nachrufe. Was den Ludwigsburgern aber am meisten gefiel, war, dass es der ausdrückliche Wunsch des Königs gewesen war – wie Pauline zu Wied, seine Tochter, in einem Heftchen, das sie zu seinem Tod geschrieben hat, bestätigt –, dass sein Sarg auf dem Weg nach Ludwigsburg nicht durch Stuttgart geführt werden durfte. Er hatte nicht vergessen, dass in Stuttgart 1918 bei der »Revolution« in seinen Wohnsitz, das Wilhelmspalais, eingedrungen worden war, er in Stuttgart zur Abdankung gezwungen worden war und er allen Grund hatte, nach Bebenhausen zu ziehen, sie ihn aus Stuttgart sozusagen vertrieben hatten. Damit war natürlich klar, dass Ludwigsburg bei dem alten Herrn einen größeren Stein im Brett hatte als die Landeshauptstadt.

Lebhafter als am Königsgrab wurde es oft danach, wenn man den Spaziergang zurück in die Stadt über die Schorndorfer Straße fortsetzte, am Schorndorfer Tor und dem Frauengefängnis vorbei, das beim Stadttor in dem Gebäude war, das später noch wichtige Dienste für die Nazi-Verfolgung leisten konnte. Aus dem Gebäude schauten ab und zu auch die einschlägigen Damen heraus, die je nach Lust und Laune, wahrscheinlich eher bei Unlust mangels Lust, auch zotige Sprüche loswurden. Das war nicht weiter schlimm, weil es den Großvater nur amüsierte und wir Kinder überhaupt auch gar nichts verstanden und wir auch nicht darüber aufgeklärt wurden. Was mir in Erinnerung ist, dass wir uns in diesen Zeiten überhaupt nicht vorstellen konnten, dass Frauen böse sein können, was ja auch kein Wunder war, da man zu Hause nur von der freundlichen und wohlmeinenden Mutter und der wohlwollenden Großmutter umgeben war.

Am »richtigen« Gefängnis vorbei, noch Zuchthaus genannt, dem für Männer, seiner hohen Mauer entlang, ging es dann längs der Schorndorfer Straße mit Schlossblick zum »Schwätzbänkle«. Der in den 60er Jahren abgebrochene Kiosk, auf ornamentierten Schmucksäulen aufgeständert, mit einer offenen, aber überdachten Wartehalle mit Bänken für die Busse nach Hoheneck und Neckarweihingen, ausgestattet mit einem »Ständle« und einem Pissoir, war ein beliebter Treffpunkt und verdiente daher seinen Namen. Das »Schwätzbänkle« war schon wegen seines herzallerliebsten Namens beliebt, bei uns auch, weil am »Ständle« ab und zu noch ein paar Süßigkeiten »abfielen«. Sehr interessant war es, dort einer neuen Errungenschaft zuzuschauen, einer Heuerampel, damals die einzige Ampel in der Stadt, was einiges über die damaligen Verkehrsverhältnisse verrät. Sie regelte den Verkehr am »Stern«, so wurde die Kreuzung nach einer dem »Schwätzbänkle« gegenüberliegenden Gastwirtschaft genannt. Die Heuerampel regelte auf eine genial einfache Art den Verkehr. Sie bestand aus einer über der Kreuzung aufgehängten Ampel, ähnlich einer Kiste. Die zeigte auf ihren vier Seiten jeweils durch einen Zeiger, der sich in einem Kreis von einem grünen Farbfeld zu einem roten Farbfeld bewegte, Grün oder Rot für eine Richtung. Interessant war es für die Kinder auf zwei Seiten gleichzeitig zu schauen, um zu kontrollieren, ob auch alles seine Richtigkeit hatte. So oft wir auch schauten, die Zeiger kamen nicht durcheinander.

Nachdem, nach kurzweiligem Interesse für die Errungenschaften moderner Verkehrstechnik, das Pissoir im Schwätzbänkle noch hilfreich war, eine Nachwirkung des Aufenthaltes im Badgarten, suchte man in der Allee, direkt beim Schwätzbänkle, ein Kreuz, das von einem fixen Maurerjungen in einen Pflasterstein eingeschlagen worden sein soll. Es sollte sich genau an einer Stelle finden lassen, an der der Herzog Ludwig Eugen, der Bruder und Nachfolger Carl Eugens, bei einem Spazierritt vom Pferd gefallen war, gleich tot war oder kurz danach im Schloss »verschieden« war, wie andere sagten. Justinus Kerner hatte dieses Ereignis zu einem Gedichtchen animiert, in dem es heißt: »Nahet sich ein Maurersjunge, er will klagen, doch es stockt die Zunge, aber schnelle bauen seine Hände, ihm das schönste aller Monumente, denn sie hauen in den Pflasterstein fromm des Kreuzes heilig Bildnis ein.« Suchte man das Kreuz, war das Dumme bei der Suche und Sache, dass es am Ende nicht mehr nur ein Kreuz gab. Witzbolde hatten zwei, drei weitere Kreuze in Pflastersteine geschlagen. So blieb immer nur ein Rätseln, welches Kreuz denn das richtige sei. Heute hat man wieder ein Kreuz und eine Inschrift in einen Stein gemeißelt, der in der Allee zu sehen ist.

War man am »Schwätzbänkle«, auf dem Weg zurück in die Untere Stadt, in die große Allee an der Vorderen Schlossstraße eingebogen, sah man dort vom »Schwätzbänkle« aus noch die Baumreihen in der Wilhelmstraße und in der Schorndorfer Straße, die Alleen in der Hinteren Schlossstraße und in der Vorderen Schlossstraße und der Stuttgarter Straße. In allen Richtungen, in allen Straßen stand das Grün der Bäume. Überall waren prächtige Alleen mit herrlichen

Verkehrsregelung
einst: Heuerampel.

Ludwigsburger »Bürgertreff«:
»Schwätzbänkle«.

alten Bäumen zu sehen. Ludwigsburg war noch wirklich eine Stadt der Schlösser und Alleen. Die Stadt war überall wohltuend grün. Die Bäume zogen sich von Stadttor zu Stadttor, vom Heilbronner Tor zum Stuttgarter Tor und zum Schorndorfer Tor. Überall waren Bäume auszumachen, vornehmlich Linden und Kastanien, aber auch Akazien, einreihig, zweireihig oder mehrreihig, mit lichter oder dichter Krone, je nachdem Linden oder Kastanien dominierten. Je nach Jahreszeit bot die Natur andere Freuden und Vergnügen in den Alleen: den Duft der Lindenblüten, die Blütenkerzen der Kastanien, rot oder weiß, ein Schauspiel ohnegleichen in der Zeit der Kastanienblüte, die unzähligen Kastanien in der Kastanienzeit, die zum Sammeln und für viele Spiele und zum Basteln geeignet waren, buntes Herbstlaub, eine Chance, Laubhütten in der Allee aufzuschichten oder durch das angehäufte Laub zu »schlurgen«. Zu Zeiten konnte man auch die roten Feuerwanzen, die sich zu Tausenden an den uralten Bäumen tummelten, beobachten.

Nur die Hauptallee, die Königsallee, Dicke Allee genannt, von der Südseite des Schlossgartens, besser vom Eingang zum Blühenden Barock, dem Beginn der Bärenwiese, zur »Grünen Bettlade« vermittelt heute noch einen Eindruck der einstigen Pracht. Damals war die Allee auf der Westseite des Schlosses die schönste: prächtig gewachsene alte Baumriesen, eine Allee mit Fahr- und Reit- und Gehwegen, flankiert von fast 200 steinernen Stelen, die mit hängenden geschwungenen Eisenketten verbunden waren. Auf den Eisenketten zu schaukeln war eine Herausforderung, nur es gelang meist nicht sehr lange, die schweren Ketten hatten ihr Eigenleben. Die vierfache Allee vom Stuttgarter Tor bis zum Stern war mit Kastanien, die Allee vom Schwätzbänkle bis zum Heilbronner Tor mit Linden bepflanzt. Der gepflasterte, etwas breitere Mittelweg in den Alleen hatte einst den Kutschen gedient, einer der beiden gekiesten Nebenwege war zum Reiten, einer zum Flanieren bestimmt gewesen. Eine vergleichbare Parade von Alleen gab es in keiner Stadt Württembergs. Durch sie

Königsallee, die »Dicke Allee«:
zu allen Zeiten die schönste Ludwigsburger Allee.

war die Stadt einzigartig. Die Bäume waren eines ihrer Markenzeichen. Sie prägten das Gesicht der Stadt. Und es waren ja nicht nur die großen Alleen parallel zum Schloss und Schlossgarten und die vom Schloss wegführenden Alleen, die Königsallee zum Salon oder entlang der Stuttgarter Straße zum Salonturm. Auch die Mylius-, die Leonberger Straße, die Lindenstraße, die Friedrichstraße, die Allee an der Heilbronner Straße bei der Marienwahl, die Solitudeallee, die Allee in der Hindenburgstraße und die Jägerhofallee und die Alt-Württemberg-Allee standen für den Ruf der Stadt, Stadt der Alleen zu sein. Man konnte noch immer große Teile der Stadt in Alleen begehen, in Alleen, die alle als ein großes Netz von Grün entworfen und konsequent für die Schönheit der Stadt realisiert worden waren. Herrliche Blickfänge in den Alleen und längs der Alleen, beabsichtigte Sichtachsen, die den Blick in die Weite führen sollten und führten, waren noch Zeugnisse einer weitgehend verlorengegangenen hervorragenden Stadtbaukunst mit Gespür für städtebauliche Wirkungen. Verlorengegangen sind viele der Alleen in den 50er und 60er Jahren. Sie wurden dem Moloch Verkehr geopfert. Eine Zeit herrlicher Stadtqualität, ein herrliches Gesamtkunstwerk der Garten- und Landschaftsplanung, herrliche Stadtsituationen und Stadtbilder, Partien, wie man einst sagte, die eine eigene Stadtidentität und eine eigenes Stadtklima schufen, sind weitgehend verschwunden.

Auch die Stadttore gaben der Stadt Flair: das Schorndorfer, das Asperger, das Heilbronner, das Stuttgarter, das Pflugfelder und das Aldinger Tor. Vor allem war Ludwigsburg auch eine Stadt großzügig angelegter Plätze. Mit dem Exerzieren auf den schönen weiträumigen Plätzen war es allerdings nichts mehr. Und das war vielleicht auch gut so. Hatte doch die Gewohnheit, dort Schweiß zu vergeuden, auch schon familiären Angstschweiß verursacht. Die Mutter hatte zusammen mit ihren übermütigen Freundinnen auf dem Schulweg via Arsenalplatz zum Schulbückele dem diensthabenden Feldwebel durch die mehrfach hinübergerufenen Kommandos »Sprung auf, Marsch, Marsch« oder so ähnlich die Befehle durcheinandergebracht. Gegen diese vaterlandsfeindlichen Umtriebe und ihre wehrkraftzersetzende Wirkung soll es selbst für die Mädchen noch Tatzen gegeben haben. Zu Beginn der 50er Jahre gab es die Plätze dann ohne Exerzieren und noch ohne Blech, keine Autos, die den Plätzen die räumliche Wirkung genommen hätten. Noch gab es keine Verstümmelung der Plätze, wie später am Schillerplatz und Reithausplatz. Der Holzmarkt, der nicht nur in Württemberg unvergleichliche Marktplatz, der Arsenalplatz, der Reithausplatz, der Karlsplatz, der Schillerplatz, waren städtebauliche Augenweiden. Die Plätze strahlten Ruhe aus, waren noch bar jeder Hektik des Verkehrs, man konnte noch besser wahrnehmen, dass sie alle Teil einer schönen Stadtidee und Stadtwirklichkeit waren. Die Schlösser, die Alleen, die Stadttore, die Plätze in der Stadt, die barocken Formen der Gebäude zeigten in ihrer Gesamtheit und ihren wechselseitigen Wirkungen, ihren gegenseitigen Zuordnungen und Bezügen die Handschrift einer genialen Stadtplanung. Sie hatte das Fundament für den Bau eines außergewöhnliches Schmuckstücks des Städtebaus gelegt. Die schöne und noch unverstellte Harmonie all dieser Schätze in der Stadt ging in die eigene Seele ein, gab ihr einen Maßstab für das Schöne und Großzügige. Sie beeinflusste das Lebensgefühl. Einen vergleichbar wirksamen Zauber konnten vor allem, nach manchen bösen Eingriffen in die Qualitäten der Stadt, erst wieder die exzellente Gartenschau »Blühendes Barock«, die außerordentlich gut gelungene Gestaltung des Marktplatzes und des Holzmarktes und die beeindruckende Schlosssanierung der letzten Zeit schaffen. Je für sich große Würfe, von denen man der Stadt mehr gönnen möchte.

War der Bedarf an Spaziergängen zum Monrepos gedeckt, auch der Badgarten einmal nicht dran, gab es noch einen anderen häufig begangenen Weg in der Stadt, der die Liebe zur Stadt festigte: **durch die »Dicke Allee«,** vorbei an den Kasernen der Soldatenstadt, vorbei an der Stadthalle **zum Salonwald, zur Grünen Bettlade und zum**

Salonturm:
Blick ins Land
aus der Stadt.

Einstige Pracht:
Spaziergang im Herbstlaub Ludwigsburger Alleen.

Salonturm. Danach dann, das war ein Gedanke, der die Beine leichter machte, in die Gaststätte Alexandereck. So bekam man schon als Kind per Spaziergang eine erste Ahnung **von der Stadt der Soldaten** und von einigen Lebensprinzipien des Großvaters. Lernen und Leben gehörten zusammen. **Der Spaziergang** führte zunächst über die Allee an der Vorderen Schlossstraße, durch den seinerzeit noch frei zugänglichen, einfach nur mit Wiesen angelegten Schlossgarten zur in der Hauptachse des Schlosses gelegenen, sogenannten »Dicken Allee« an der **Bärenwiese.** Und diese einst Dicke Allee genannte Königsallee bot eine Perspektive, wie die Stadtplaner sagen, war eine Achse, die einen wirklichen einzigartigen, atemberaubenden Blick bis hinauf zum Salonwald bot. Schon in der Allee an der Bärenwiese kam der erste Höhepunkt. Es gab zu dieser Zeit kein Blühendes Barock, keinen Park in der Bärenwiese, es gab es auf der Bärenwiese noch keine Parkplätze und auch keinen Platz für einen Vergnügungspark, der damals noch auf dem kleinen Exerzierplatz an der Hindenburgstraße stattfand. Ein großer Teil der »Bärenwiese«, direkt entlang der damals noch existierenden hohen Gefängnismauer, war keine Wiese, sondern ein sehr großer Garten, ein Gemüse- und Obstgarten, in dem die Sträflinge vom angrenzenden Gefängnis ihren Salat, ihre Gurken, ihre Erdbeeren und was der Mensch sonst so zu sich nimmt, pflanzten, pflegten, hegten und ernteten. Es war aufregend, diese Herren zu sehen, wegen denen man dem Opa nach damaliger Sprachgewohnheit »ein Loch in den Bauch fragen« musste. Man wollte schließlich wissen, was die denn angestellt hatten. Im »blauen Anton« mit roten Streifen an den Ärmeln, als Kennzeichen für ihre Schandtaten und ihren Status, arbeiteten sie hinter einem halbhohen, nicht allzu hohen Stacheldrahtzaun, der bei den Kindern immer wieder die Erwartung, aber auch die Sorge auslöste, dass einer der Sträflinge abhauen könnte, und die ängstliche Frage an den Großvater nahelegte, ob sie einem nichts täten. Beides traf nicht ein. Die Allerschlimmsten dieser Zunft waren wohl nicht in Ludwigsburg, jedenfalls nicht im Gemüsegarten.

In jener Zeit »wohnten« in der Schorndorfer Straße und an der Bärenwiese aber nicht nur die Herren mit den Streifen an den Ärmeln, auch der **Ministerpräsident des Landes** und der spätere Präsident des Bundesverfassungsgerichts **Gebhard Müller** hatte dort seine Bleibe. Er bewohnte das Eckhaus an der Schorndorfer Straße und Fasanenstraße. Nach vorne sah der gute Mann aus seiner Wohnung wahlweise das Schloss, Allerfeinstes aus der Geschichte der Stadt, oder den Gefängnisgarten der Bärenwiese, nach hinten konnte er auf den Gefängnishof sehen: Pracht und Elend seines Landes fest in seinem Blick. Das waren noch Zeiten, ein Ministerpräsident, der Bestes und Liederlichstes seines Landes hautnah tagtäglich vor die Augen bekam. Vielleicht auch eine Weltsicht, die dabei half, irdisch zu bleiben, zu denken und zu handeln. Noch war offensichtlich keine Dienstvilla auf der Solitude für das Regieren nötig, wie in späterer Zeit. Vielleicht war das mit dem Gefängnis seinerzeit, wenigstens in Ludwigsburg, man wusste, die ganz Gefährlichen waren in Bruchsal, aber auch gar nicht so schlimm. Viele verbrachten schließlich damals offiziell ihren gewohnten und üblichen Erholungsurlaub am Gardasee oder dem Allgäu, inoffiziell war es, wie der Volksmund etwas gehässig sagte, ein »Urlaub in der Schorndorfer Straße«, nämlich dann, wenn etwas über den Durst getrunken worden war, wofür es damals kein Pardon, sondern noch Gefängnis zur Besserung und Besinnung gab. Karten vom Gardasee wurden in solchen »Freizeiten« dann allerdings nicht geschrieben.

Schon das Gefängnis, im Wortschatz der Ludwigsburger das Zuchthaus, war eine Frucht der Soldatenstadt gewesen. Zu viele der jungen Württemberger hatten kein dauerhaftes Interesse am Militär und wollten einfach heim. Ein Vorgang, der desertieren genannt wurde und an dem wegen der Zersetzung der Wehrkraft aus Staatsräson der Geschmack verdorben werden musste. Aber das Gefängnis entlang der Allee war noch nicht alles Militärische. Der Großvater, der sonst nie über den Krieg oder die Soldaten sprach, erklärte halt das,

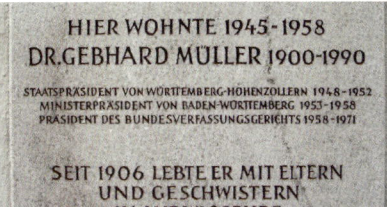

HIER WOHNTE 1945-1958
DR. GEBHARD MÜLLER 1900-1990
STAATSPRÄSIDENT VON WÜRTTEMBERG-HOHENZOLLERN 1948-1952
MINISTERPRÄSIDENT VON BADEN-WÜRTTEMBERG 1953-1958
PRÄSIDENT DES BUNDESVERFASSUNGSGERICHTS 1958-1971

SEIT 1906 LEBTE ER MIT ELTERN
UND GESCHWISTERN
IN LUDWIGSBURG

Wohnsitz Ministerpräsident und Präsident des Bundesverfassungsgerichts Dr. Gebhard Müller.

was man an Kasernen auf dem Weg zur »Grünen Bettlade« sah. Wir wussten ja auch nichts Rechtes über Soldaten, nur in den Kinofilmen gab es immer mal wieder die Soldaten, die mit den Indianern kämpfen mussten. Die anderen amerikanischen Soldaten, die Amis, wie sie genannt wurden, die amerikanischen Soldaten in der Stadt, die man kaum zu Gesicht bekam, wenn man nicht direkt gerade an einer Kaserne vorbeiging, waren aber gegen die Indianer – wie der Großvater versicherte – nicht mehr dabei gewesen.

Es ging weiter in einer Allee, die nicht nur für Kinderbeine nicht enden wollte. Schon kurz nach der Bärenwiese war man, dort, wo sich heute das Forum in ganzer Schönheit zeigt, bei den nicht so bestechend wirkenden Gebäuden der alten Stadthalle, vormals eine Exerzierhalle, und der Schreiberhalle, der Halle der ehemaligen Autowerkstatt Schreiber. In beiden fanden viele gesellschaftliche Ereignisse und viele interessante Sportveranstaltungen wie Boxen, Hockey, Handball statt, und mancher Sportunterricht der Schulen. Nach diesen Baulichkeiten zeigte der Großvater die »Bäckereikaserne«, die heute ein feines Hotel beherbergt. Man war schon sehr erstaunt, wie viel Appetit und Hunger die Soldaten gehabt haben mussten, wenn nur für das Backen schon eine ganze Kaserne notwendig gewesen war. Gegenüber war die große Reinhardts-Kaserne, heute ein Medienzentrum, vor ihr ein immer wieder rätselhaft erscheinendes, martialisch und befremdlich wirkendes Reiterstandbild. Wesentlich sympathischer wirkte das Haus der Jugend und die aus einem Amerikahaus hervorgegangene Stadtbibliothek im Eckgebäude der Kaserne, an der Kreuzung Hindenburgstraße und Königsallee.

Beide Einrichtungen sollten noch eine ganze Jugendzeit lang viel Vergnügen bereiten. Wir konnten in diesen Jahren dort unser Karl-May-Fieber ausleben, viele andere Abenteuerbücher und Bücher entleihen, mit denen man in die große, weite Welt kam. Später wagte man sogar, aus jugendlicher Forscherfreude, nach der im »Giftschrank« der **Bibliothek** verschlossenen »Lady Chatterly« zu fragen. Die Jahre zuvor spielte man aber noch mit dem vom Haus der Jugend geliehenen Fußball in der Allee, bastelte vor Weihnachten für die Oma einen Kochlöffel, fertigte dem Opa ein kleines Schiff, spielte Schach und ein neues Spiel, genannt Monopoly, und vor allem immer und immer wieder Chinesisch. Das war Tischtennis, im Keller des Hauses der Jugend gespielt, bei dem – weil zu viele Interessenten da waren – alle, die sich ein Einzelspiel erkämpfen wollten, im Spiel um den Tisch so lange spielten, bis nur noch ein Sieger übrig blieb. Und es ging so: einer gab an und rannte sofort weiter auf die andere Seite der Platte, um dann dort, nachdem die vor ihm dort in der Schlange Stehenden zurückgespielt hatten, als Nächster wieder fürs das Zurückspielen bereit zu sein, um dann wieder weiterzurennen, usw. usw. Die, die nach einer Runde übrig blieben, sammelten Punkte und die mit den meisten Punkten durften dann ein Einzel spielen. Man bekam so schon in jungen Jahren eine erste Ahnung vom Prinzip »survival oft the fittest«.

Schräg gegenüber vom Haus der Jugend, an der Hindenburgstraße, gegenüber der Bäckereikaserne, dem Platz des späteren Finanzamtes, war als militärisches Relikt noch der kleine Exe, wie der innerstädtische Exerzierplatz verkürzt genannt wurde. Der große Exerzierplatz, der Große Exe, lag zwischen Ludwigsburg und Kornwestheim, westlich des späteren amerikanischen Stadtteils Pattonville. Damals war der kleine Exe vor allem der Standort für den beliebten Rummel und man konnte dort, noch selten, tatsächlich erleben, was ein Zirkus ist. Dem »kleinen Exe« im Osten gegenüber sah man das frühere »Standortlazarett«, noch als Krankenhaus betrieben, und westlich davon war die »Garnisonskirche«. Alles hatte noch seine militärischen Namen, in der Bevölkerung noch wie selbstverständlich verwendet. Niemand sprach von der Friedenskirche. Noch war die Zeit des Militärs zu nahe.

Ehemalige Stadtbibliothek und Haus der Jugend in der Königsallee.

Sah man die Hindenburgstraße entlang, sah man auf beiden Seiten der Straße eine Kaserne an der anderen. Alle bis auf zwei – eine, in der die Filterfabrik Mann und Hummel produzierte, und eine, die mit Flüchtlingen belegt war, die Jägerhofkaserne – waren wieder militärisch genutzt. Der ganze Stadtteil östlich der Allee war einst weitgehend Militärgebiet gewesen und war es durch die amerikanische Garnison noch immer. Deutsche Soldaten waren noch nicht zu sehen. Sie sollten erst später in der Jägerhofkaserne und der Luitpold-Kaserne eine Bleibe finden. Was zu sehen war, waren amerikanische Soldaten in großer Zahl. Ludwigsburg war wieder Garnison. Nahezu alle Kasernen waren in diesen Jahren von amerikanischem Militär belegt. Amerikanisches Militär war so zahlreich in Ludwigsburg, der Heiße Krieg war gerade erst zu Ende, der Kalte Krieg zwischen den Blöcken hatte begonnen, dass sogar eine ganze Stadt für die Angehörigen der amerikanischen Soldaten gebaut werden musste: Pattonville, eine Stadt mit eigener Schule, Kirche, Kino, Einkaufsstätten, Baseball-Feld, kleinem Flugplatz, 1000 Wohnungen und 5000 Einwohnern.

Pattonville reizte uns immer wieder zu Ausflügen über die Oßweiler Höhe oder via Salonwald nach »Amerika«. Bastogne Boulevard, Normandy Road, Brittany Road, Colmar Drive, Ardennes Road erinnerten dort an Schlachten des Zweiten Weltkrieges. Jetzt ist es dort friedlicher. Die Straßen nennt man jetzt in »entmilitarisierter Zone« Florida-Ring, Texasstraße, Washingtonring und Kansasstraße. Gut so. Dafür gibt es jetzt eine Apotheke namens Patton-Point, benannt nach dem Haudegen Patton, der allerdings nicht mit dem Degen, sondern mit seinen Panzern unterwegs war. Es gab auch eine High School und eine Elementary School. Für uns besonders verlockend war aber das amerikanische Kino, ein »movie«, in das wir uns aber nicht hineintrauten. Zu sehen waren dort die Anschläge von uns gänzlich unbekannten Spielfilmen und vor dem Kino entdeckten wir schon damals die Popcorn-Welt, die uns auch noch erreichen sollte: Kinobesucher mit großen Bechern voll mit »Bergen« von Popcorn.

Auch an anderen Orten konnten wir amerikanische Lebensart bestaunen. Die Karlskaserne war noch PX, ein Einkaufszentrum für die Amerikaner. Sie kamen immer wieder mit ihren damals bei ihnen schon üblichen großen Tüten, wir waren noch Netzkäufer, aus der Kaserne, und stiegen mit ihren prall gefüllten Riesentüten in ihre »Amischlitten«, wie wir zu ihren überdimensionierten Wagen sagten. War man im richtigen Moment bei den Kasernen, konnte man in den »barracks«, so nannten sie ihre Kasernen, sehen, wie sie am Spätnachmittag ihre Fahne, die »stars and stripes«, mit militärischem Zeremoniell und Nationalhymne einholten, wie in allen Kasernen weltweit. Oft sah man größere Gruppen von Soldaten im Laufschritt über die Kasernenhöfe laufen, die mit »Wechselgesang« ihren Lauf absolvierten. Was man auch immer sah, waren die Baseball spielenden GIs, wie sie mit breiten und dicken Handschuhen die mit großem Schwung geworfenen »Schlagbälle« fingen und wie die Soldaten mit ihren großen »Eierbällen« den weiten Wurf für das Rugbyspiel übten. So spielten sie nach ihren Leidenschaften, von unserer Leidenschaft, dem Fußballspielen, war überhaupt nichts zu sehen. Nicht ganz so seltsam, aber doch als etwas Neues empfanden wir, dass sie Hufeisen in eine Sandkiste warfen mit dem Ziel, einen dort eingerammten Eisenstab zu treffen. Sie waren halt doch Cowboys.

Man ging nach den Kasernen in der Königsallee weiter und in die Königinallee, wo jeweils die feinen, besseren, jedenfalls die reicheren Leute wohnten, die Häuser schöner waren, es gepflegte Gärten gab und auch schon damals ein Auto stand. Man spazierte an den Tennisplätzen entlang, auf denen im Winter mit Wasserschläuchen eine Eisfläche gespritzt wurde, die »Eiskunstlaufbahn«, bis man am Ende der mächtigen Allee uralter Bäume zur »Grünen Bettlade« kam. Das war eine kleine Grünanlage aus Hecken, die wegen ihres Namens immer interessant erwartet wurde, aber regelmäßig enttäuschte. Weder waren die Hecken besonders beeindruckend noch gelang es, wie es den früher dort im Zelt übernachtenden erlauchten Herrschaften, wie etwa dem Stadtgründer Eberhard Ludwig und seinem Nachfolger Carl Alexander, vergönnt war, die Nachtigallen zu hören. Nachtigallen waren eindeutig den Erlauchten vorbehalten.

Später sollten wir uns dort oben am Salonwald für den entgangenen Genuss rächen. Wir machten »Glockenzieherles« in der Königinallee bei den noblen Villen mit Sprechanlagen. Wir klingelten und meldeten uns sofort sehr, sehr unchristlich als »Zeugen Jehovas«. Da wir danach im Nu oder wie wir sagten »mit einem Affenzacken« im Gebüsch des Salonwaldes verschwunden waren, erfuhren wir nie, wer sich aus der Villa meldete, wer denn dort nun wirklich wohnte. Es war die Rede davon, dass dort die beliebte Schlagersängerin Bibi Johns und der Chef der Entwicklung von Daimler-Benz, Prof. Nallinger, wohnen würden. Was wir aber so schon in jungen Jahren erfuhren, war, dass jede, auch die raffinierteste neue Technik, damals die Sprechanlage, nicht gegen Missbrauch geschützt ist, wenn sie in falsche Hände gelangt. Falsche Hände war damals unser »Klingeldaumen«. Größere Erfolge beim »Glockenzieherles« sollten wir nur noch einmal erleben, als wir einem Herrn namens Sommerfeld nach dem Klingeln, er sollte aufmerksam werden, ab und zu ein Ständchen nach dem Refrain sangen »beim Sommerfeld, beim Sommerfeld, da ist's im Winter schlecht bestellt«. Leider ließ sich der gute Mann provozieren und verfolgte uns des Öfteren mit Inbrunst.

Nach einer kleinen Runde durch den Salonwald und entlang der Karlshöhe ging es dann am Männerheim Salon vorbei zum damals noch existierenden Salonturm. Ihn bestieg man gelegentlich. Von seiner Spitze aus hatte man wie ein Feldherr einen grandiosen Rundum-Blick. Stuttgart und der Schurwald waren zu sehen, die Alb mit dem Hohenneuffen, die Filder und der Schönbuch. Ein Blick ins Neckartal, zum Asperg, zum Wunnenstein und zur Solitude erfreute die Gemüter. Dann ging es aber, nachdem man noch erstaunt gehört hatte, dass hier oben auch das Catharinen-Pläsier sei, ohne schuldhaftes Zögern zur verdienten Belohnung, dem eigenen Pläsier. Vom langen Marsch konnte man sich nämlich im »Alexandereck«, einer wohlgelittenen Wirtschaft, erholen, je nach Alter gab es ein schönes Bier mit Krone oder eine sprudelnde Limonade. War der Durst gelöscht, marschierte man gestärkt durch eine schattenspendende lange, lange Allee, am Stuttgarter Tor und dem Schwätzbänkle vorbei bis fast zum Heilbronner Tor, entlang einer Straße, auf der fast keine Autos fuhren. Man spazierte entlang der Stuttgarter Straße und der Vorderen Schlossstraße, zunächst in einer Kastanien- und dann in einer Lindenallee, die über die ganze Strecke mit bauchhohen, baumstammstarken Steinsäulen und den sie verbindenden Eisenketten von der Straße getrennt waren. Einen ganzen Nachmittag durch die Stadt gehen, nur in den alten Alleen unterwegs sein, vor der Sonne durch das Blätterdach geschützt zu sein, das war noch möglich.

Auch jemand anderer unternahm einen »Ausflug« in die Stadt, auch entlang der Allee, einen Besuch in der Stadt, der zu einem der größten Eindrücke der eigenen Jugendzeit führen sollte: **der französische Staatspräsident de Gaulle besuchte 1962 Ludwigsburg.** Er musste sehr wichtig sein, den auch der alte Adenauer, wie man ihn nannte, und der Bundespräsident Lübke waren zu sehen. Schon bei der Fahrt durch die Stuttgarter und Schorndorfer Straße vor das Schloss sahen wir und bewegten wir uns in einem von uns noch nie gesehenen einzigen Menschenauflauf. Nicht einmal der sehr beliebte Pferdemarkts-Umzug konnte so viele Leute in die Stadt bringen. Als der Staatsbesuch in der Stuttgarter Straße sogar ausstieg, war die Begeisterung groß und es wurde sogar »Hoch«, »Vive de Gaulle« und »Vive la France« gerufen. Die Ludwigsburger wussten halt aus Tradition, wie man anständig mit hohen Herrschaften umgehen muss. Danach ging es in den großen Schlosshof. Der war reserviert für 2500 Jugendliche aus den 60 Städten mit Partnerschaften in Frankreich. Als Schlossanwohner mit den Gegebenheiten bestens vertraut, wussten wir, wie man auch ohne Einlass eingelassen war.

2012: Erinnerung an den 50. Jahrestag des Besuchs von Staatspräsident de Gaulle 1962.

Es wurde der Einstieg zu einer lebenslangen Freundschaft zu Frankreich. Natürlich begriff man als Kind noch nicht, was das alles bedeutete, was da geschah und gesprochen wurde, es war nur klar, dass was Besonderes los war. Das war auch daran zu erkennen, dass man zum ersten Mal die deutsche Nationalhymne hörte und natürlich auch die französische. Und in der Tat. Der Lange mit der kräftigen Nase, der der Präsident sei, wie sie sagten, so viel sahen und hörten wir, sprach sehr betont und bewegte die Arme viel mehr, als es bei uns eigentlich üblich war. Es war auch das erste Mal, dass man Französisch hörte. Der Präsident de Gaulle hielt zwar seine Rede auf Deutsch, aber ab und zu sprach dann doch einer, dessen Rede ins Französische übersetzt wurde. Eine ganze Rede in Französisch das war auch was Neues, sonst kannte man ja nur ein allein in Ludwigsburg besonders verbreitetes Vokabular von französischen Ausdrücken. Das am Hof gesprochene Französisch war teilweise durch die dort beschäftigten dienstbaren Geister auch in die Bevölkerung gelangt. Viele einzelne Ausdrücke waren Allgemeingut. Man hatte etwa ein »Schesslo«, niemand sprach von einem Sofa, so war das Sofa auch gleich etwas Wertvolleres. Später lernte man dann, dass es ein chaiselongue war. Man hatte einen »Sutrai«, später lernte man, dass das ein sous-terrain war. Ein Gehweg war kein Gehweg, sondern ein »Trottwar«, ein trottoir, ein »blafo« ein Plafond und keine Zimmerdecke. Später erfuhr man auch, was der Großvater meinte, wenn er ärgerlich wurde und sagen wollte, dass er etwas wirklich ernst meine, und es nicht nur zum »bassleda« sagen würde, und dass das wie« passer le temps« zu schreiben war und »zum Zeitvertrieb« hieß. Natürlich wussten wir nicht, dass diese schönen und ständig gebrauchten Worte nicht Schwäbisch, sondern Französisch waren. In unserem Alter waren wir auch noch nicht in der Verlegenheit, diese Ausdrücke aufschreiben zu müssen.

Und der »Lange« hatte ja auch was Wichtiges zu sagen. Seine Rede an die »Deutsche Jugend« war der offizielle Auftakt, das Verhältnis der Deutschen und Franzosen allgemein und vor allem das der nachwachsenden Generation für ein gemeinsames Europa zu verbessern. Nur vier Monate nach diesem Besuch wurde der deutsch-französische Freundschaftsvertrag, der Élysée-Vertrag, unterzeichnet und im gleichen Jahr dann der Vertrag zum Deutsch-Französischen Jugendwerk. Die Rede von de Gaulle war so wichtig, dass einer seiner Nachfolger, Jacques Chirac, 25 Jahre später, als Staatspräsident 1987 nochmals nach Ludwigsburg musste, um zu bestätigen, wie wichtig sie gewesen war. Wieder wurden Reden zur deutschen Jugend im Schlosshof gesprochen, diesmal von Bundeskanzler Kohl und Staatspräsident Chirac. Ludwigsburg war und wurde so zu einem der wichtigsten Pfeiler für die deutsch-französische Aussöhnung und Freundschaft. Ludwigsburg, die Stadt, aus der über Generationen hinweg Soldaten gegen die Franzosen geschickt wurden, war die erste deutsche Stadt, die eine Partnerschaft mit einer französischen Stadt einging, mit Montbéliard, einem einstigen württembergischen Besitztum, war die Stadt, die für ganz Deutschland der Sitz des Deutsch-Französischen Instituts wurde. Alles auch ein Anlass dafür, dass in späteren Jahren der Ludwigsburger Oberbürgermeister Spec an einem in Paris gefeierten Europatag die große Ehre hatte im »Hotel Matignon«, dem Sitz der französischen Regierung, vor über 1000 geladenen Bürgermeistern französischer Partnerstädte aus ganz Europa, für die Bürgermeister Europas zu sprechen.

Schon einmal hatte jemand aus der Barockstadt eine Rolle in diesem Hotel Matignon, einem Pariser Stadt-Palais, gespielt. Der Sitz nicht des Präsidenten, aber des französischen Regierungschefs diente auch eine Zeit einer ausgedienten Mätresse von Herzog Carl Eugen als Wohnsitz. In den »archives premier ministre« zur Geschichte des Regierungssitzes »Hotel Matignon« wird von dieser Geliebten, der Ballerina Anne Eléonore Sullivan, geborene Franchi, berichtet, sie hätte 3 Kinder von Carl Eugen gehabt. Nach seinem Tod sei die offenkundig anziehende Tänzerin noch Mätresse von Joseph II. von Österreich gewesen. Nachdem sie von keiner Geringeren als Maria Theresia aus Österreich ausgewiesen worden sei, habe sie auch in Paris gelebt, wo sie das Hotel Matignon erworben hätte, das ihr einige Jahre als Domizil gedient habe, bevor sie es an einen allseits bekannten Herrn Talleyrand abtrat. So klein ist die Welt, sagt man, angesichts solcher Ereignisse, und ja nicht immer von ungefähr, wie man an diesem Beispiel sieht.

SPORT, SPORT, SPORT:

EINE SPORT-VERRÜCKTE STADT

Wir waren in die Nähe des Stadions und der Sportplätze umgezogen. Das führte zu einer herrlichen Jugendzeit. Tagsüber Schule und Sportplatz, kurz und schnell, husch, husch, den Hausaufgaben die unumgänglich minimal notwendige Aufmerksamkeit schenken, abends dann lesen bis in die Puppen. So, genau so, war das Leben ausgefüllt, rund und richtig. Selbst spielte man dann einige Zeit in den Jugendmannschaften von 07 Ludwigsburg und MTV Ludwigsburg Fußball und Handball. So war Sport auch nicht nur als Zuschauer erlebt. Das rundete den Blick. Ludwigsburg war in den 50er und 60er Jahren eine Sportstadt wie aus dem Bilderbuch. Von Tanzsport und Basketball, den heutigen Rennern, wusste man noch gar nicht recht, dass es die gab. Man konnte seine ganze freie Zeit als Jugendlicher voll und ganz bei Sportveranstaltungen verbringen. Sogar am Sonntagmorgen war etwas geboten. Beim MTV turnten die Geräteturner am Reck im Freien in der Lohe-Grube und beeindruckten uns sehr, wohl weil sie immer wieder ihre Hände mit so »weißem Zeug«, Magnesium genannt, »einpuderten«, um nicht so leicht abzurutschen. Gelegentlich gab es am Sonntag auch Straßenrennen und Bahnrennen der Radfahrer, vom RSC Komet veranstaltet, der auch Radball und Kunstradfahren organisierte. Für den Gewinner der nächsten Stadionrunde wurde manchmal aus dem Publikum heraus, per Lautsprecher, ein Piccolo ausgerufen, als Preis gestiftet. Und es wurde dann tatsächlich gespurtet, was das Zeug hielt, was die Lungen hergaben. Was für Zeiten, heute würde man für diesen »Lohn« nicht einmal sein Rad anschauen.

Bei den Standardsportarten waren die Ludwigsburger gut, aber bei einigen Sondersportarten erste Sahne. Die Fußballer von 07 und die Handballer von Oßweil und dem MTV beschäftigten die meisten Gemüter. Es war die Zeit, in der der Libero noch ein Stopper war, in unserer Zeit war es der Öchsle, und es einfach Verteidiger und Stürmer gab und das Spielsystem unumstößlich 2:3:5 war. Auch uns beschäftigte das allsonntägliche Fußballspiel sehr. Unsere mehrfachen

Versuche, mit einer gefundenen Trompete Stimmung zu erzeugen, gelangen, aber leider nur in dem Sinne, dass man uns Prügel androhte, wenn wir mit der »blöden Hupe« nicht verschwinden würden. So mussten die Schwarz-Gelben halt ohne moderne Mittel gut sein. Und sie schafften es. Unvergesslich war das Entscheidungsspiel um den Aufstieg in die I. Amateurliga 1957 in Zuffenhausen gegen den SC Stuttgart. Wir hatten den Eindruck, dass es während des Spiels, das 1:0 für 07 endete, in Ludwigsburg keine Einwohner mehr gab.

Enormen Eindruck machte das jährliche **Internationale Reit- und Fahrturnier.** Es brachte für uns und die Stadt etwas damals völlig Unbekanntes: nationales und internationales Flair. Ein mehrtägiges Reiterfest, ein CHI, in der Stadt mit mehreren Zehntausend Zuschauern über die Dauer des Turniers und Fernsehübertragungen aus Ludwigsburg, unserer Stadt. Das war aufregend und spannend. Das Springreiten war immer der Höhepunkt. Das Einreiten durch das Marathontor, das Grüßen zur Kampfrichtertribüne, das Warten bis zur Startglocke, der Ritt selbst, das Einreiten Richtung Hindernisse, die die Reiter zuvor zu Fuß inspiziert hatten, die Sprünge über die unterschiedlichsten Hindernisse, Wassergraben, Mauer, Oxer, Zweier- und Dreiersprünge, das Fehlerzählen, das Schnauben der Pferde, das Abklatschen der Pferde an den Hals als Lob, die Zeit- und Fehleransage und der Ausritt und dann wieder die Hindernisse aufbauen, bei denen abgeworfen worden war: es waren herrliche Momente. Es gab Wettkämpfe im Dressurreiten, im Wagenfahren mit Mehrfachgespannen, im Springreiten aller Schwierigkeitsgrade. Am Sonntag fand alles seine Höhepunkte in meist sommerlicher Hitze: Jagdspringen, SA-Springen und Mächtigkeitsspringen, die schwierigsten Wettbewerbe. Man fieberte mit, man hielt die Luft an und sprang im Geiste mit. Höhepunkt war immer das Stechen, bei dem es in dem mit 20 000 Menschen gefüllten Stadion wirklich mucksmäuschenstill wurde. Wer war nach den langen Springen noch in der Lage, die erhöhten Hindernisse, den Oxer, die Mauer

Ludwigsburgs größtes Sportevent aller Zeiten: CHI-Reit- und Fahrturnier im Ludwig-Jahn-Stadion.

Leidenschaft Pferde:
Pauline zu Wied bei ihrer allergrößten Passion:
Kutschfahrt im dog-cart.
Teilnahme am Reit- und Fahrturnier.

und den Wassergraben ohne Fehler zu bewältigen, gab es Zeitfehler, verweigerten die Pferde, ließ einer ein Hindernis aus oder hieß am Ende die Ansage »der Reiter gibt auf«, was geschah, wenn einer zu viel »abgeräumt hatte«? Dann meist ein erneutes Stechen und eine noch höhere Mauer, bis einer Sieger war. Fritz Thiedemann, Hans Günter Winkler, Alwin Schockemöhle waren die Stars, ihre Pferde wie die Wunderstute Halla und Meteor Publikumslieblinge. Diese Reiter und Pferde waren in diesen 50er und 60er Jahren wiederholt deutsche Meister, Europameister, Olympiasieger, Medaillenreiter in den Olympischen Spielen 1956 in Stockholm, 1960 in Rom, 1964 in Tokio, 1968 in Mexiko-Stadt und 1972 in München, alle und alles mächtig beeindruckend. Aber auch die Reiter aus der ganzen Welt öffneten das Herz: die Amerikaner, die Chilenen, die Brasilianer, voran Nelson Pessoa, Franzosen, Belgier, Italiener, der mit Uniform reitende Olympiasieger von Rom 1960, Raimondo D'Inzeo, Engländer wurden bestaunt und der Lokalmatador Rolf Knecht wurde besonders angefeuert. Als »lokale Größe« bekam auch die Fürstin Pauline zu Wied immer einen allerherzlichsten Sonderapplaus, wenn sie im hohen Alter noch mit ihrem »Kütschle«, einem dog-cart, selbst in das Stadionrund einfuhr. Da die Mutter des weltberühmten Olympiasiegerpferdes Halla aus der Marienwahler Zucht stammte, gab es natürlich auch darin einen besonderen Grund für den Applaus.

Am Schluss die Auszeichnung der Sieger mit goldenen, silbernen, weißen und anderen Schleifen durch Prominenz im Stadionrund und ganz am Schluss die Schlussgaloppade mit Musik, eine Ehrenrunde rund um den Parcours. Die allerletzte Ehrenrunde 1971. Das größte Sportereignis der Stadt in den 50er und 60er Jahren und überhaupt in der Geschichte der Stadt nahm Abschied.

Ein gänzlich anderes Milieu war das **Boxen.** Boxen war ein in Ludwigsburg sehr beliebter Sport. Viele Zuschauer kamen zu den Boxkämpfen der Boxstaffel 07 Ludwigsburg, die in der neben der Stadthalle noch existierenden Schreiberhalle stattfanden. Ein Glücksfall für uns war, dass ein Freund den Kassier des Vereins gut kannte. So konnten wir, obgleich wir anfänglich erhebliche Bedenken gegen diese »brutale« Sportart hatten, kostenfrei und dann doch bedenkenfrei interessante Abende erleben. Der kostenfreie Eintritt war auch immer ein Herzklopfen wert, ob es wieder umsonst ginge, war die Frage. Das Schwabenherz freute sich, wenn es gelang, über das Boxen und den freien Eintritt in gleicher Weise. Prägungen sind halt Prägungen.

Und dann ging es durch alle Gewichtsklassen, den ganzen Abend gegen die Staffel aus anderen Städten. Drei Runden waren für die Amateure genug und die schon manchmal zu viel. Er gab harte Männer, harte Schläge. Selbst liebte man gute technische Boxer, schon weil man kein Blut sehen konnte. Es gab Publikumslieblinge, auch solche, die wacker kämpften und doch nicht immer gewannen. Einer war aus dem Täle, der an meine Vergangenheit in der Kindheit in der Unteren Stadt erinnerte. Er zeigte, dass aus diesem Viertel schon auch tüchtige Leute kamen, in diesem Fall ein Sportsmann. Das »Bärle«, wie der Boxer Hofmeister genannt wurde, weil er und auch seine Haare, er hatte eine »Stupfelfrisur«, wie man sagte, etwas kürzer waren als sonst üblich, fand, weil er aus dem Täle war, sofort meine Sympathie und auch die vieler anderer. Er, der sich vor gar nichts fürchtete, wacker kämpfte, unentwegt immer antrat, aber zu unserem Leidwesen, vielleicht weil er so klein war, leider immer mal wieder auch verlor, war für uns echt ein Vorbild an Pflichterfüllung.

Besser kam ein anderer Publikumsliebling heraus, der »Kurtle« genannt und angefeuert wurde: Kurt Morwinsky, auch ein hartnäckiger, fester Arbeiter im Ring. Die Halle tobte, wenn beim »Kurtle« sein boxerisches Temperament ausbrach. Aber auch er, unser Star, konnte genug kriegen. Wenn es ihm zu viel wurde, der Gegner ihm mächtig zugesetzt hatte oder die Puste gerade nicht mehr reichte, legte er seinen Kopf auf die Schulter des Gegners, hängte sich auf der Schulter seines Gegners ein, klammerte und erholte sich ein bisschen, bis der Ringrichter die Boxer wieder auseinanderzog und mit seinem »box, box« zur Arbeit antrieb. Diese Ruhepausen sind mir auch heute noch vertrautes, sympathisches Bild. Es beweist, dass auch die Allerbesten ab und zu eine Auszeit nehmen müssen. Mit der Zeit hatte der »Kurtle« aber offensichtlich so viel Erfahrung gesammelt und so viel trainiert und war von der Ludwigsburger Begeisterung und Stimmung so motiviert, dass er immer besser wurde, nicht mehr zu halten war. Da er von seinen Gegnern meist nicht mehr zu stoppen war, konnte man ihn eigentlich kaum mehr »Kurtle« rufen. Am Ende wurde er sogar 1960, 1961 und 1975 deutscher Meister im Halbschwergewicht. Seiner Beliebtheit schadete dies natürlich nicht.

Der Höhepunkt des Box-Jahres war es immer wieder, wenn die Boxstaffel sich mit den »Amis« anlegte. Es wurde ein Kampf gegen die meist »schwarzen Perlen« aus den Kasernen: Boxkampf in der Flakkaserne, der Schreiberhalle, in der Stadthalle oder in Kornwestheim. Das gab herrliche Emotionen in beiden Lagern. Die durchtrainierten Boxer der Armee, die mehr Zeit zum Trainieren hatten als die berufstätigen 07-Boxer, ließen manches fürchten. Wenn diese leichtfüßigen, beweglichen Boxer, in wesentlich schickerem, glänzendem Outfit mit flotten kurzen Sporthöschen, mit hierzulande noch unbekannt gegelten Haaren den Ring betraten, besser hineintänzelten, und in der anderen Ecke die langhosigen, schwerfällig wirkenden Schwaben in den Ring stiegen, dachte man unvermeidbar, au weia, jetzt gibt's Dresche. Aber die »Langhosen« schlugen sich wacker. Auch die Amis kochten nur mit Wasser, so flink und schön sie auch waren. Mit den schwäbischen »Dampfwalzen« mussten auch sie zuerst einmal klarkommen und das war nicht so leicht. Die Ergebnisse waren dann doch meist zufriedenstellend und man freute sich schon darauf, dass man sich im nächsten Jahr wieder mit den »schwarzen Perlen« anlegen konnte.

Meisterehren und tolle Wettkämpfe gab es in diesen Jahren aber nicht nur im Boxen. Auch im Hockey und Wasserball wurden die Ludwigsburger in Württemberg Meister im Abonnement. Und sie spielten auf Bundesniveau. Diese seltener ausgeübten, ungewohnten Sportarten machten viel Spaß. Von dem eher etwas elitär geltenden Hockey gab es sogar gleich zwei große Vereine, den TSV Ludwigsburg und den noch erfolgreicheren HC Ludwigsburg.

Wenn im **Freibad für die Wasserballspiele** die Tore zu Wasser gelassen wurden, sie schaukelnd auf den Wellen schwammen, sie mit Leinen vertäut wurden, die Mannschaften ihre Schwimmmützen unterm Kinn festbanden, ihre Oberkörper nass machten und ins Wasser köpften, dann wurde es spannend: für die Zuschauer auf den Stufen am großen Becken und natürlich auch für die Wasserballer selbst. Die Spiele wurden meist sehr genossen, da die Ludwigsburger Mannschaft sehr gut spielte, im Württembergischen nahezu konkurrenzlos war und oft gewann, was den Lokalpatriotismus natürlich mächtig stärkte. Die Mannschaft des SVL hatte viele Nationalspieler und Olympiateilnehmer. Hans Schulze, Emil Bildstein, Hans Ott, Peter Teicher, Dieter Seitz und Jürgen Fuchs waren die Stars der Mannschaft. Die Ludwigsburger Mannschaft zählte zwischen 1958 bis 1968 zum Kreis der besten deutschen Teams, sie stand mehrfach in der Endrunde zur deutschen Meisterschaft und wurde 1961 deutscher Vizemeister. Immer wieder hoffte man auf den deutschen Titel. Man hatte die guten Teams aus Deutschland zu Gast. Namen wie » Rote Erde Hamm«, »Wasserfreunde Hannover«, »SV und ASC Duisburg« imponierten uns mächtig. Hamm, Hannover, Duisburg, das war zu jener Zeit schon in der großen, weiten Welt.

Nirgendwo lernte man besser als bei dieser Sportart, was ein versticktes Foul ist. Das spielte sich naturgemäß unter Wasser ab, auch das Tunken kam vor. Auch die heute noch im Fußball ausgeprägt zu sehenden Unschuldsgesichter mit zum Beweis der Unschuld über den Kopf gehaltenen Händen wurden schon gesichtet. Diese Hände sagten allerdings noch weniger als im Fußball, denn was konnten die Arme schon verraten, die zeigten ja nicht, was die Beine so anstellten. Die Schiedsrichter, es mussten zwei sein, versuchten am Beckenrand auch dem Unterwassergeschehen einen Vers abzugewinnen. Wahrscheinlich hätte man ein U-Boot oder eine Unterwasserkamera gebraucht, um manch Schändliches aufzudecken. Die Schiedsrichter, die am Beckenrand erhöht auf und ab zu gehen hatten, um das Geschehen zu beurteilen, waren nicht zu beneiden, denn die Spieler waren auch keine »heurigen Chorknaben«, wie man gern formulierte. Dass sich Intelligenz und Sport, entgegen einem mindestens für den Fußball weit verbreiteten Vorurteil, nicht ausschlossen, war auch durch die Wasserballer des SVL zu erkennen. Der SVL- Torhüter Eberhard Knoblauch konnte nicht nur schwimmen und Wasserball spielen, sondern war auch so intelligent, dass er später für fast zwei Jahrzehnte Chef von Hewlett-Packard Deutschland wurde. Sein Mitspieler Ott wurde Chefeinkäufer in der gleichen Company.

**Deutsche Wasserballmeisterschaften
im Neckar-Freibad.**

Als ein edler, ja elitärer Sport galt Hockey. Ein Jugendfreund spielte **Hockey,** und auch noch in der ersten Mannschaft des HCL. Also hieß das, er musste trainieren. Mangels anderer Gelegenheiten musste man fürs Training herhalten, bekam so auch gelegentlich einen Schläger in die Hand gedrückt und manchmal auch ins Kreuz oder in die Rippen oder die Kugel, mit Effet versteht sich, an die ungeeignetsten Stellen des menschlichen Körpers – meinen. Selbst ein späterer Bundesverkehrsminister, Wissmann, übte in Ludwigsburg das Hockey-Spiel. Regelrechte Hockeyfamilien bestimmten die Szene. Beim TSV die Günderas und beim HCL die Kranichs. Auch beim Hockey war das Niveau so hoch, dass es ein Ludwigsburger Mitglied für die Olympiamannschaft gab, Peter Kranich, und immer wieder auf Bundesebene um die deutsche Meisterschaft gespielt wurde. Der HCL spielte im Feldhockey 1962 im Endspiel auf dem Fuchshof gegen den Berliner HC um die deutsche Meisterschaft und im Hallenhockey 1968 im Endspiel gegen Nürnberg um die deutsche Meisterschaft. Er spielte, nachdem die Hockey-Bundesliga eingerichtet wurde, auch in der Halle und auf dem Feld in der obersten Liga seines Sports. Auch das brachte Kolorit in die Stadt und hochspannende sportliche Spiele auf dem neuen Hockey-Platz auf dem Fuchshof und in der Schreiberhalle.

ALLERLEI VERGNÜGEN IN DER STADT:

WAS ES HALT SO GAB

st man eine gewisse Zeit auf der Welt, reift die Erkenntnis, dass man sich um das Vergnügen der Menschheit keine Sorgen machen muss. Ihr fällt immer wieder etwas ein. Mal mehr, mal weniger, aber immer findet sie ihren Spaß. So war es auch in den 50er und 60er Jahren. Viel Geld zum Ausgeben hatte man nicht, aber für das Freizeitvergnügen trieb für Jung und Alt auch in der Barockstadt das Leben seine Blüten.

Jede Stadt lebt in den jeweiligen Gepflogenheiten der Zeit, die sich auch aus allgemeinen gesellschaftlichen Entwicklungen ergeben. So war auch das Ludwigsburger Leben von der Entwicklung in der Gesellschaft beeinflusst. Die Erwachsenen waren damit beschäftigt, aus den Erfolgen des Wirtschaftswunders einen besseren Lebensstandard zu entwickeln. Sie wollten und mussten vorrangig dringende Bedürfnisse befriedigen, aber es durfte inzwischen auch schon etwas mehr sein. Das Mehr bestand darin, eine Musiktruhe zu besitzen, einen Zehn-Platten-Spieler zu nutzen, einen Couchtisch und die dazu gehörenden Cocktail-Sessel zu haben und neben dem allseits beliebten Gummibaum eine Tulpenlampe genannte Stehlampe im Wohnzimmer stehen zu haben. Es war die Hochzeit des Eierlikörs und der Piccolos. Träume waren es, einen Fernsehapparat oder einen bescheidenen fahrbaren Untersatz, der kaum Auto zu nennen war, zu erwerben.

Die junge Jugend fand, nachdem die Zeit der Schulspeisung, der Einnahme von Lebertran und Wurmschokolade langsam beendet war, andere Quellen des Vergnügens. Es war die Zeit, in der Maikäfer, die zu Hunderttausenden in der Welt waren, in Schuhkartons mit frischen Blättern gehalten wurden, Maikäfer, die für einige Wochen für höchstes Vergnügen sorgten. Maikäferrennen, die unendlich oft durch Abklatschen unterbundenen Startversuche, die Suche nach Futter, die Fütterung der Käfer, beschäftigten uns ausreichend. Wir sammelten noch Bilder der Margarine Sanella zum Einkleben in ein Buch, in dem die Eroberung Südamerika geschildert wurde, wir tauschten Autobilder, lasen in schmalstreifigen Heftchen Bildergeschichten von Akim, so einer Art Tarzan, und von dem Ritter Sigurd. Tom-Prox- und Billy-Jenkins-Hefte brachten uns den Wilden Westen und seine Helden näher. Wir staunten über Nick Knatterton, den Super-Detektiv, konnten von Donald Duck, Daniel Düsentrieb und Trick, Tick und Tack nicht genug kriegen. Wir spielten bei Bundesjugendspielen Olympiade, freuten uns an dem uns spendierten Doppelweck und einer Roten Wurst und wir mussten in der Schule an Tauen und der Kletterstange noch den Affen machen. Wir genossen die klassischen Schulausflüge zu einer noch einsam stehenden Altweibermühle, in der uns 2 bis 3 Stunden Rutschen auf einem Schuhabstreifer sitzend, eine Blechrinne hinunter, als Kostbarkeit erschien, fuhren in die Wilhelma und auf den Lichtenstein und zur Bärenhöhle, um an Rulamann, unseren Helden aus der Steinzeit, erinnert zu werden, alles noch mit Brotbeutel, Feldflasche und Butterbrotdose. Natürlich spielten wir auch Fußball, Fußball, Fußball in allen Variationen, mal Köpfen, mal Schießen und Spielen auf ein mit Kleidungsstücken markiertes Tor, für 3 Ecken gab es noch einen Elfer, man rauchte erste Zigaretten und Stumpen, vor allem die billigen Rothhändle. Wir bauten Laubhütten in der Allee, sammelten Kastanien, um sie beim Forsthaus gegen ein paar Pfennige abzugeben, machten so dem Ludwigsburger Spitznamen Kastanienbeutel alle Ehre, stellten für ebenso wenige Pfennige Lichtlein für das Lichterfest auf, sammelten beim Reit- und Fahrturnier Flaschen, machten auch mal den Balljungen am Salonwald.

Sehr beliebt waren in den Sommerferien die **Freizeiten auf der Karlshöhe.** Aus der ganzen Stadt brachten die Busse die Kinder zur Stadtranderholung. Von der Karlshöhe aus konnte man so herrlich ausschwärmen. Der Salonwald oder der große Exe genannte Exerzierplatz zwischen Pattonville und Kornwestheim waren unüberbietbar geeignete Areale für die unterschiedlichsten Spiele, Entdeckungen und Exkursionen. Und man hatte Phantasie und gab sich sein eigenes Drehbuch. Mittags gab es handfeste Kost für die wilden Mädchen und Jungs und einen ungeliebten Mittagsschlaf. Und dazu konnte man sich noch in seine »Tante«, wie man die beaufsichtigenden, meist jungen Frauen nannte, »verlieben«, auch eine Premiere in den nach und nach immer komplizierter werdenden Gefühlen für das Weibliche. War vorher nur wichtig gewesen, dass die Mädchen nicht Fußball spielen konnten, und damit ein Interesse an ihnen ausgeschlossen, wich diese rigide Einstellung einer etwas gnädigeren Betrachtung. Das lag ja auch im Trend der Zeit, sprach man doch damals ganz allgemein vom (deutschen) »Fräuleinwunder«. Wohl weil eine Schönheit aus dem Lande Miss World oder Universum geworden war. An Wundern wollte man dann doch auch teilhaben.

Und natürlich machte es besonderen Spaß, ins **Freibad** zu gehen. Im Bad am Neckar war es immer abwechslungsreich. Man konnte den vorbeifahrenden Schiffen nachsehen, auf den Stufen der Anlegestelle für Ruderboote die vollgesogenen Blutegel bestaunen, ab und zu jemand tunken oder getunkt werden, anfangs Eckenschwimmen üben und dann eine Breite schaffen oder tauchen. Spannend war es auch, schöne Mädchen aus der Ferne anzuschauen, was noch spannender wurde, als der Bikini Mode wurde. Wenn man es in die sehr beliebte Kabine direkt neben den Frauenkabinen schaffte, eine Kabine, die immer erstaunlicherweise mehrere »Astlöcher« aufwies, eine Kabine, in der das Umkleiden immer ziemlich lange dauerte und vor der sich manchmal »unerklärlich« lange Schlangen bildeten, versuchte man nur Geahntes endlich mal zu sehen. Ja, bis eines Tages diesem »Naturwunder« der vielen Astlöcher ein flächendeckendes Blech ein Ende machte. Man sah meist sowieso nur einen Allerwertesten, wenn überhaupt, weil die Damen ja auch nicht von gestern waren, diese Kabine mieden oder, wenn gar nichts anderes an Kabinen frei war, sich zwar in ihr frei machten, aber vorher sich gegen aufdringliche Blicke durch das Aufhängen eines Handtuches schützten. Aber

spannend war es immer. Dass man anschließend, am Ende des Bade-
tages, sein Rad den steilen Gemsenbuckel, der seinen Namen wirklich verdiente, zum Schlösslesfeld hochschieben musste oder lange
über das Fischerwäldle Richtung Heimat trotten musste, war wohl
die gerechte Strafe für den unziemlichen Versuch der Ausspähung.

Sehr interessant war in den Zeiten, in denen das Freibad nicht geöffnet war, das **Hallenbad.** Schon der Zugang war erstaunlich. Es
war möglich, bei immer tropischen Temperaturen, denen im Kak-
teenhaus der Wilhelma ähnlich, über eine brusthohe Mauer den
anderen beim Schwimmen zuzusehen. Später sollte man dort dann
schwimmen lernen, sich bei uralten Metallkästen mit Holzklappen
zum Verstauen der Schuhe in der Schülerumkleide umkleiden und
unter einer uralten Brause sich für das Becken kalt duschen. Diese
Dusche war so grob eingestellt, dass sie einer Schwallbrause nahe-
kam und man gut und gerne unter ihr hätte ertrinken können. Zum
Ausgleich duschte man dann halbstundenweise unter der warmen
Dusche, die noch keine automatische Abschaltung hatte. Energiekos-
ten und Wassersparen spielten noch nicht die große Rolle. Es kam
mehr auf das Wohlfühlen an, die Wellness, wie man heute sagt.

Nun wurde man unvermeidlich doch zum ersten Mal spürbar »äl-
ter«. Als Jugendlicher hatte man doch plötzlich andere Bedürfnisse.
Und die Stadt bot ja doch einiges mehr als ein Schwimmbad und
die Wichtigkeiten der Kinderzeit. Es gab ja auch nicht nur die schon
geschilderten Spaziergänge, die man nun langsam kannte, und nicht
nur die vielen Sportveranstaltungen, einschließlich der ersten Begeisterung für den VfB, zu dessen Spielen man mit dem Fahrrad auf der
Neckartalroute fuhr. Es gab andere Veranstaltungen und Ereignisse,
die noch nicht Events genannt wurden. Etwa den Pferdemarkt mit
Umzug und natürlich den Rummel, der zu den Zeiten noch auf dem
kleinen Exe bei der Garnisonskirche, wie die Friedenskirche damals
genannt wurde, stattfand. Es fand jedes Jahr der **Pferdemarkt** statt,

auf dem noch kaufwillige Bauern zu sehen waren, die das Gebiss der Pferde kenntnisreich »entbleckten« und an den Zähnen das Alter der »Pferdestärken« erkennen wollten und die dann mehr schnaubend als die Pferde mit den Gäulen am Halfter die Allee rauf und runter rannten, den »Gang« der Pferde anschauten, um auszuschließen, dass ihr Okkassionskauf lahmte. Einmal sah man auf dem Arsenalplatz sogar »Jonas den Walfisch«, ein präpariertes Meeresmonster auf einem Lastzug ausgestellt. Die **Mainzer Karnevalisten** kamen jährlich zu einer Prunksitzung in die Stadthalle und marschierten mit ihren großen Schwellköpfen aus Pappmaché vom Bahnhof in die Stadthalle, bis sie das Fernsehen entdeckte, sie fürstlich entlohnte und sie keine Zeit mehr für Ludwigsburg hatten. Und dann wurde

Mainzer Karneval in der Stadt:
Schwellköpfe und närrisches Volk auf dem Weg in die Stadt.

das »Blühende Barock« eröffnet, das das ganze Jahr mit seiner Pracht zum Staunen anhielt, dann der Märchengarten, etwas für Alt und Jung, es gab ein Lichterfest mit Feuerwerk. Im Winter konnte man Schlittschuh laufen, zunächst am Standort des heutigen Stadionbads und dann auf dem Tennisplatz am Salonwald. Keine Rede von Eishalle. Die Plätze wurden bei Kälte einfach mit Wasser besprizt und fertig war die Eisbahn. Noch origineller war das Vergnügen mit den Kufen natürlich gelegentlich auf dem gefrorenen Monrepos-See. Für die eifrigsten Schlittschuhläufer gab es im Sommer beim MTV-Platz für besondere Spezialisten noch eine Rollschuh-Kunstlaufbahn.

Nachdem für uns Kinder die Entdeckungen in der Stadt erschöpft gewesen waren, man als Kind alles hinter sich hatte, hatte eine andere Welt angefangen. Ende der 50er Jahre waren wir wieder etwas erwachsener geworden, trotzdem sprach alles nur von uns »**Halbstarken**«. Wir hatten etwas, wenn auch wenig Geld, unser Bewegungsradius wurde etwas größer. Da es anderen auch so ging, war jetzt anderes gefragt: die **Kinos.** In den ersten Jahren das leidige Problem, dass die spannendsten Filme natürlich erst ab 16 oder 18 Jahren zu sehen waren. Aber mutiges Auftreten hat, wie später manchmal im Leben auch, öfters doch geholfen. Das Kino wollte ja schließlich auch was verdienen. Von den Fuzzy- und Zorro-Filmen her entwickelte sich der Geschmack hin zu den Western. Winnetou war in, »Zwölf Uhr mittags« war nicht nur eine Tageszeit, die Monumentalschinken zur Römerzeit begeisterten wie »Quo Vadis« und »Ben Hur«. Den einen gefiel »Schwarzwaldmädel«, die anderen brauchten »Hunde wollt ihr ewig leben« und »Manche mögen's heiß« und wie die Kassenschlager alle hießen. James Dean, Brigitte Bardot, Marilyn Monroe begeisterten. Alfred Hitchcock trieb sein Unwesen. Plötzlich gab es alles etwas größer und länger. Cinemascope und Filme mit Überlängen waren der letzte Schrei. Oft konnte man wegen der Begeisterung über die Filme und der großen Zahl der Zuschauer nur noch auf den ausklappbaren Notsitzen an der Seite der auch nicht gerade bequemen Stuhlreihen mit Holzsitzen die Filme »genießen«. Hauptsache man war überhaupt dabei. Und die Freude am Kino war so groß, dass sogar neue Kinos entstanden oder Kinos modernisiert wurden, die auch bessere Sitze hatten: das Arkadia in der Myliusstraße, das Union in der Solitudestraße und die Bahnhof-Lichtspiele, Bali genannt. Andere bekamen moderne Namen, aus den Kammerlichtspielen wurde das Camera, später noch ein Luna, aus dem Saalbau das Scala.

Und ein anderes Kino, das Heimkino, das **Fernsehen,** ging Anfang der 50er Jahre auf Sendung. Die wenigsten Familien hatten einen Fernsehapparat. War man doch meist gerade mal bei den Radios, wie sie damals noch hießen, auf Stand gekommen, hatte Uralt-Radios, nachdem die Volksempfänger nichts mehr galten, entsorgt und sich vielleicht einen Loewe-Opta-, Saba- oder Grundig-Empfänger geleistet und war noch voll und ganz damit beschäftigt, den ersten Adria- oder Gardasee-Urlaub zu finanzieren. Von einem Fernsehapparat und von einem Auto namens Goggo, Isetta oder einem Käfer träumten noch die meisten. Hatte man das Wunder von Bern, Deutschland wurde Fußballweltmeister, noch am Radio erlebt, konnte man jetzt zum ersten Mal Länderspiele, lange vor jedem Public Viewing, in den gerammelt vollen Gaststätten sehen. Ein Spezi musste für ein Länderspiel reichen. Es gab ja andere Wohltaten. Der gemeinsame Torschrei ist unvergessen.

Manchmal ging man auch zu einem Klassenkamerad fernsehen. Er war mit seiner Flüchtlingsfamilie und einer weiteren Familie in einem Zimmer der Jägerhofkaserne untergebracht. Die Familien hatten ihren Zimmeranteil mit Schränken und Teppichen abgeteilt. Man hatte sich wenigstens einen Fernsehapparat »gegönnt«, wenn man schon sonst unter schlechtesten Bedingungen leben musste. Ludwigsburg hatte noch jede Menge Wohnbaracken, es herrschte noch große Wohnungsnot wegen der großen Zuzüge in die Stadt. Etwa auf dem

Fuchshof beim MTV-Heim, im Riedle, in Grünbühl und in mehreren Kasernen, wie der Jägerhofkaserne und der KO-Kaserne, waren die Flüchtlinge untergebracht. Noch taten sich die Einheimischen und die Flüchtlinge schwer miteinander, man »fremdelte« mächtig, und es brauchte wie später bei den Gastarbeitern viele Jahre, bis sich die wahren oder vermeintlichen Gegensätze abschliffen. Aber Sport, in diesem Fall der gemeinsame Genuss von Fußballspielen, war immer ein guter Kitt. Die Jägerhofkaserne, in die wir zum Fernsehen gingen, beherbergte zu dieser Zeit auch eine Familie Köhler, deren Sohn, der auch wie wir in die Oststadtschule ging, einmal Bundespräsident werden sollte. In Europa kam man sich auch sonst näher. Nachdem Mitte der 50er Jahre schon mehrere Millionen Deutsche den Zug nach Italien an den Gardasee und die Adria verspürt hatten, kamen im Gegenzug Gastarbeiter aus dem Süden.

Das Fernsehen brachte uns die Welt. In den **50er Jahren** sah man Bilder vom Koreakrieg, dem Indochinakrieg, den die Franzosen in Vietnam führten, vom Ungarnaufstand, der Suezkrise und der kubanischen Revolution. Auch leichtere Kost wurde serviert. Es wurden uns so bedeutende Sachen wie die »Hesselbachs«, eine Serie über eine hessische Familie und deren Familienbetrieb, nahegebracht. »Soweit die Füße tragen« war zu sehen, «Fury« war ein beliebtes Fernsehpferd, »Was bin ich« eine beliebte Rätselsendung, der Internationale Frühschoppen bildete uns in Sachen Politik, Sissi-Filme über die österreichische Kaiserin entzückten die harmoniebedürftigen Herzen.

Auf die 50er Jahre folgte in den 60er Jahren eine ungeahnte neue Dynamik, die viele Lebensbereiche, die Mentalität und die Einstellungen der Menschen veränderte und überall neue Ideen hervorbrachte. Der Reigen der Ereignisse war noch bunter als im Jahrzehnt zuvor. 1961 der erste Raumflug von Gagarin, der Bau der Berliner Mauer 1961, der Sechstagekrieg 1967, die Ermordung des amerikanischen Präsidenten J. F. Kennedy und des Bürgerrechtlers Martin Luther

King 1968, die Studentenbewegung der 1968er, der Vietnamkrieg der USA, die Hippie- und Blumenkinder-Bewegung. Neill Armstrong landete 1969 auf dem Mond, englische Posträuber ließen 1963 ebenso staunen wie 1967 die erste Herztransplantation durch Christian Barnard. Es gab im Fernsehen und Kino »James-Bond-Filme«, das »Aktuelle Sportstudio«, die Quizshow »Einer wird gewinnen« mit Kulenkampff, die Aktion Sorgenkind mit Frankenfeld und seinem Glücksbringer Herrn Spahrbier und das »Raumschiff Enterprise«. Winnetou-Filme, »Spartacus« und »Kleopatra« sorgten ebenso wie der Fußballzauberer Pele und das Großmaul und selbsternannte »größte Boxer aller Zeiten« Cassius Clay, für Unterhaltung.

Aber all dieses Weltgetriebe hin oder her, was uns am meisten beschäftigte, war die altersgemäß gebotene Suche nach dem anderen Geschlecht, dem angeblich schwachen Geschlecht, von dem wir wähnten, dass es uns stark machen sollte. Und das lag ja auch aus ganz anderen Gründen als den üblichen nahe. Die ganze Nation wurde erfasst von der großen Aufklärung, der Diskussion zum Verhältnis der Geschlechter, von der ausgerufenen sexuellen Revolution, wie wenn es zuvor nie Kinder gegeben hätte. Oßwald Kolle durfte uns ab 1967 »Das Wunder der Liebe« beibringen, die Familienministerin erfreute uns mit dem Sexualkundeatlas und dem Aufklärungsfilm »Helga«, die Zeitschriften am Kiosk wurden sehr freizügig. Schnell war vergessen, dass Bayern kurz zuvor sich aus dem Fernsehen abgeschaltet hatte, weil in dem Film »Lysistrata« etwas vom Busen der Romy Schneider zu sehen gewesen war und die Knef mit dem Film »Die Sünderin« auch so manchen verwirrt hatte. Der Bikini und der Mini-Rock wurden Mode, zu den alten »Lockungen« kamen neue hinzu. Und dennoch, dem Babyboom folgte der Pillenknick.

Und dann kam die Zeit, in der man in einer **Tanzstunde** letzten Schliff hätte bekommen sollen, während es uns eigentlich vorrangig darum ging, den jungen Mädchen endlich näher zu kommen.

Tanzstunden gab es bei den Tanzschulen Schreiber am Karlsplatz und der Wieda-Vogt. Brav brachte man seine Dame, mit der man zuletzt getanzt hatte, nach Hause. Meist war es die falsche. Die, die einem gefallen hätte, fand Gefallen an einem anderen, die, der man gefiel, war völlig außer Konkurrenz. Zwischen- und Abschlussbälle waren üblich im Ratskeller und der Musikhalle. Der Abschlussball sogar mit allerdings nicht sehr langen weißen Handschuhen, zu sehr trieb das Tanzen noch den Schweiß auf die Stirn und in die Hände. Aber Noblesse verpflichtete halt. Immerhin hatte man während der Tanzstunden einige Chancen, sich im Flirten zu üben. Nach der Tanzstunde ging es natürlich in den Eissalon, von manchen auch Eisdiele genannt, oder in die Cafés der Zeit, das Kunzi in der Myliusstraße, das Café Harre an der Solitudestraße, das Luckscheiter in der Wilhelmstraße und das Baier in der Seestraße. Und in den Plüschcafés, eigentlich eher für ältere Semester geeignet, übte man charmant zu sein, um es wenigstens einmal mit einer der Damen zu einer Verabredung, später Date genannt, zu bringen. Das Café Röser oder das Parkcafé oder auch mal nur die Milchbar im Flamingo-Tal waren dann die Ziele. Man konnte seinen Marktwert testen. Es war wohl damals in der »Milchbubi-Zeit« nicht so weit her damit. Geheiratet wurden dann immer andere.

Ganz andere Töne und Tänze kamen mit dem Rock ’n’ Roll und der Beat-Musik auf. Die **Beatschuppen** waren jetzt »in«. Live-Musik war angesagt, was ein Disc-Jockey ist, wusste noch keiner. Die Beatles sangen von »Yesterday«, sangen davon, wie schön es gestern war, von »Help«, was Halt gab, stillten mit »I Want to Hold Your Hand« die heimlichen Wünsche, kurz sie trafen die Seelenlage und den Rhythmus der Jugendlichen. Die Rolling Stones bekamen, wie auch die Jugendlichen, auch nicht alles, und sangen »I Can’t Get No Satisfaction« und vieles andere mehr. Viele Bands produzierten und produzierten harten Beat, im wahrsten Sinne des Wortes Schlager, und sie begeisterten die Jugend. In der Stadt spielten Vierer-Bands live, eine Dreiviertelstunde Musik, eine Viertelstunde Pause, es ging ganz anders zu als in der Tanzstunde. Nur das Rennen um die Damen war kein Haar anders. Hatte die ältere Jugend noch die Elvis-Zeit genossen, der in den 50er auch noch Soldat in Hessen war, wuchs man selbst in die Zeit der Pilzköpfe hinein. Beat, Beat, Beat, Pilzköpfe, Pilzköpfe: auch eine Art von Kulturrevolution. Wieder war es Äußeres, das das Lebensgefühl widerspiegeln sollte. Nach dem Bart für die Existentialisten, für die Intellektuellen und die, die sich dafür hielten, sollte wieder eine Haartracht den Zeitgeist zeigen: der Pilzkopf, eine Frisur für jedermann. Je mehr die ältere Generation den Kopf mit den alten Frisuren schüttelte, umso interessanter war es natürlich.

Die »Mittwochsparty« im Rundfunk, so laut wie möglich eingestellt, um den vollen Beat-Sound zu haben, gab in vielen Elternhäusern genug Stoff für Diskussionen. Außer Haus gab es natürlich auch nicht durch Erziehungsregeln gestörte Angebote. Man konnte sich verrenken, in Ektase versetzen, zappeln rhythmisch oder auch nicht, einfach gut jung sein, in verschiedenen »Etablissements«, Beatschuppen genannt. Der »Hampelmann« in der Seestraße, das »Eden« beim Holzmarkt und der »Hofbräukeller« in der Schillerstraße ließen es zu, dass man auf der weltweit grassierenden Musikwelle mitschwamm. Alle vier Wochen eine neue Band. Die Stars der Zeit waren die »Shatters« und »Didi and his ABC-Boys«. Die »Shatters« waren, wie man heute sagen würde, so »kultig«, dass sie über 40 Jahre später noch bei ihren Nostalgie-Veranstaltungen, davon eine erstaunlicherweise im Staatsarchiv Stuttgart, anlässlich der Stuttgarter Nacht der Kultur, »Leben in die Bude brachten«. Lebhaft ging es auch jede Woche im »Hofbräukeller« in der Schillerstraße zu: Jahrzehnte vor »Deutschland sucht den Superstar«, jeden Mittwoch »Jekami«, »Jeder kann mitmachten«, ein Sängerwettstreit für Berufene und Unberufene. Häme für die Unfähigen war, wie heute zur Freude vieler im Fernsehen geübt, schon damals nicht allen fremd.

QUELLEN

Belschner, Christian, Ludwigsburg im Wechsel der Zeiten, Ludwigsburg 1936.

Bergan, Günther, Historische Alleen in Ludwigsburg, Ludwigsburger Geschichtsblätter 56/2002, S. 37 ff.

Bergan, Günther, »Um zwölf am Schwätzbänkle«, in »Hie gut Württemberg«, Ludwigsburg, Beilage zur LKZ 19. 4. 2003.

Borst, Otto, Die heimlichen Rebellen, Stuttgart 1980.

Borst, Otto, Württemberg und seine Herren, Esslingen 1988.

Das Buch der Unteren Stadt, Hrsg. vom Bürgerverein der Unteren Stadt Ludwigsburg 1893 e. V., Ludwigsburg 1993.

Denkmaltopographie Baden-Württemberg, Stadt Ludwigsburg, Landesdenkmalamt, Esslingen 2004.

Dillenburger, Inge, Am Schwätzbänkle, Ludwigsburg 2008.

Hahn, Andrea, Ludwigsburg, Stationen einer Stadt, Ludwigsburg 2004.

Kerner, Justinus, Das Bilderbuch aus meiner Knabenzeit. In J. K.: Ausgewählte Werke, S. 111 ff., Stuttgart 1981.

Läpple, Wolfgang, Schwäbisches Potsdam, Bd. I und II, Ludwigsburg 2009.

Liessem-Breinlinger, Renate, Die vielen Rollen der Fürstin zu Wied, in »Momente«, Beiträge zur Landeskunde von Baden-Württemberg, 4/2002.

Linck, Otto, Alt-Ludwigsburg, Vaihingen-Enz 1983.

Oberamtsbeschreibung Oberamt Ludwigsburg, Neuausgabe 1972.

Sauer, Paul, Württembergs letzter König, Stuttgart 1994.

Sommer Katja, Sie diente einst einer Königlichen Hoheit, LKZ 17. 2. 2007.

Sting, Albert, »Hopf ronter«, Ludwigsburg 1992.

Sting, Albert, Geschichtskalender Ludwigsburg, 2. Auflage 1995.

Sting, Albert, Geschichte der Stadt Ludwigsburg, Bd. I–III, Ludwigsburg 2000, 2004, 2005.

Thomsen, Sabine, Die württembergischen Königinnen, Tübingen 2010.

Thietz, Rudolf, »Ein Preuße kommt nach Württemberg«, Stuttgart. (Auch LKZ 27. und 28. 12. 2006; LKZ 3. 1. 2007).

Janna Wanner, Meta Gantner, Das erste Mal … in LKZ 24. 12. 2011, S. 19.

Wied, Pauline zu, Vom Leben gelernt, Ludwigsburg 1953.

Wied, Pauline zu, Zum Tode König Wilhelms II von Württemberg und nachmaligen Herzogs von Württemberg, 1921, Ludwigsburg.

Willmann, Anni, Der gelernte König, Stuttgart 1993.

BILDNACHWEISE

Gantner, Volker: S. 15, 16, 35, 38, 50, 55, 63, 68, 77, 79, 81, 82, 88, 92, 107, 109, 115

Ludwigsburger Kreiszeitung: 52, 58, 100

Stadtarchiv Ludwigsburg: S. 25, 27, 30, 32 (Verlobungsbild), 34, 41, 43, 45, 75, 80, 87, 98, 103, 104, 120, 122, 127, 134

Stadtarchiv Stuttgart: S. 24

Städtisches Museum Ludwigsburg: S. 49

Wiedsches Archiv: S. 21, 32 (Triumphbogen)

DR. VOLKER GANTNER

Ein Ludwigsburger Gewächs: in Ludwigsburg geboren, aufgewachsen, in den Kindergarten und zur Schule gegangen, hat er dort eine Familie gegründet und über 40 Jahre gelebt. Von 1985 bis 2008 war er Oberbürgermeister von Herrenberg.